# POR QUE VOCÊ MENTE E EU ACREDITO?

# POR QUE VOCÊ MENTE E EU ACREDITO?

O amor resiste a tudo, menos à mentira

Prem Milan

Editora Gente

**Editora**
Rosely M. Boschini

**Coordenação editorial**
Renata Carraro

**Assistente editorial**
Rosângela Barbosa

**Capa**
Casa de Idéias

**Projeto gráfico**
Neide Siqueira

**Preparação**
Maria Cecília Caropreso

**Revisão**
Jô de Melo

**Diagramação e fotolitos**
Join Bureau

**Impressão**
Paulus Gráfica


Rua Pedro Soares de Almeida, 114
São Paulo, SP - CEP 05029-030
Telefone: (11) 3670-2500
Site: http://www.editoragente.com.br
E-mail: gente@editoragente.com.br

**Dados Internacionais de Catalogação na Publicação (CIP)**
**(Câmara Brasileira do Livro, SP, Brasil)**

Milan, Prem
Por que você mente e eu acredito? : o amor resiste a tudo, menos à mentira / Prem Milan. — São Paulo : Editora Gente, 2006.

ISBN 85-7312-493-8

1. Amor 2. Comunicação interpessoal 3. Homem-mulher – Relacionamento 4. Relações interpessoais 5. Verdade e falsidade I. Título.

06-2467 CDD-158.25

**Índices para catálogo sistemático:**

1. Amor e mentira : Relacionamentos amorosos : Psicologia aplicada 158.25

*Dedico este livro aos meus amores, desde o primeiro até hoje. Todas as minhas realizações estiveram o tempo inteiro permeadas da presença das mulheres que amei e amo. Elas são as musas que inspiraram este livro.*

*Eu cresci e me construí como pessoa através da interação que tive com as mulheres da minha vida. Aprendi muito com os riscos e desafios que as situações que vivemos juntos me impunham. Hoje sou capaz de ter amizades mais profundas e amorosas porque a riqueza dessas relações me preenche.*

*Dedico este livro também aos meus filhos Jwala, Punya e Teo, que são fruto desses amores.*

# Agradecimentos

Agradeço ao meu amigo Roberto Shinyashiki por ter me instigado a escrever este livro. Sua força e humildade foram fundamentais para que eu acreditasse na realização desse sonho.

Agradeço a toda a galera do Namastê Porto Alegre e Rio de Janeiro, que me ajudou a organizar as idéias que aqui estão. Ao pessoal do Criar de Belém, da comunidade Osho Rachana, a todos que me deram sugestões e, em especial, à equipe que trabalhou mais diretamente comigo. A Manyu, que foi de uma dedicação especial e amorosa. A Shuyam, que foi de uma entrega total. Assim como as amigas Jamine, Mahtab, Vatula, Kamin, Anjali, Vijaya e Viragini.

Aos meus clientes, que confiaram em mim.

Ao meu filho Jwala, que digitou grande parte do texto, por sua dedicação.

A Rohit, por seu apoio incondicional.

A Pavita, pela coragem de seus *feedbacks*, sua clareza e amor.

A Veeresh, por ter me apoiado e validado meus conhecimentos.

Ao mestre indiano Osho, por me fazer confiar cada vez mais no amor.

# Sumário

# Prefácio

Prem Milan é um terapeuta muito intenso em tudo que faz e por isso esse livro tem essa energia de comprometimento.

Certa vez, eu estava escutando ele falar sobre como se constrói uma bomba atômica. Eu não sei se ele conhece muito sobre bombas atômicas, mas certamente conhece muito de gente. Ele disse:

– É muito simples construir uma bomba atômica. Você precisa apenas de 4 quilos de urânio enriquecido. Sabe o que é urânio enriquecido? É um urânio com um elétron especial que tem mais energia do que o normal. Pois bem, é preciso 4 quilos de urânio. Se você tiver 3 quilos e 999 gramas não dá para fazer uma bomba atômica. Mas quando você coloca esse 1 grama extra, a coisa explode!

Então ele me fez pensar em quantas pessoas se esquecem desse grama extra. Você já parou para pensar nas coisas que não deram certo na sua vida porque você não usou a quantidade adequada de energia? Você até se esforçou, mas não chegou aos 4 quilos. Deu menos do que seria necessário para fazer a coisa acontecer...

Ou então você se esqueceu de que precisava de uma energia especial e investiu uma energia comum... Mas, se não é urânio enriquecido, não adianta, a bomba não vai explodir!

Muitas pessoas reclamam que os seus relacionamentos são sempre insatisfatórios, mas será que o problema são as suas relações ou a energia que elas dedicam a sua vida afetiva?

Na verdade, o que falta para as pessoas é se entregar e se comprometer de verdade nos seus amores.

É por isso que muitos relacionamentos fracassam, apesar de muita luta. Elas perdem as oportunidades de amar por não perceberem que, para colhermos os frutos do nosso esforço, precisamos nos dedicar pra valer!

O problema é que, como em geral essas pessoas desistem um pouquinho antes do que deveriam, investem 1 grama a menos do que seria necessário para fazer a bomba explodir, o resultado costuma ser tão ruim que a sensação é a de não terem feito nada para seus relacionamentos florescerem.

Quando as pessoas aprenderem a ser verdadeiras em seus relacionamentos, eles vão produzir muito mais plenitude.

Para amar de verdade, as pessoas precisam diferenciar amor de insegurança, possessividade e necessidade de controle. São coisas totalmente diferentes que têm somente a forma parecida. A possessividade nasce da pobreza afetiva e do medo enquanto o amor nasce da vida em todo o seu esplendor.

O livro do Prem Milan tem idéias que alimentarão a sua reflexão sobre a sua maneira de amar, mas principalmente darão a você a consciência de que amar pode dar certo se você acreditar na verdade do amor.

Tenho certeza de que você vai adorar fazer essa viagem pelos caminhos do amor.

Com o carinho de sempre,

*Roberto Shinyashiki*
Escritor, autor de *Amar Pode Dar Certo*

# Introdução

Quero conversar direto com você, de ser humano para ser humano. Você que quer ser mais pleno em seus relacionamentos. Você que deseja um espaço a sua volta com pessoas que amem de um jeito mais profundo, mais corajoso, mais desafiador. Com pessoas que estejam comprometidas mais seriamente com a verdade.

Muito tempo atrás, eu tive a coragem de me lançar pelos caminhos do amor. Dediquei toda a minha energia a essa busca, e hoje colho os frutos disso. Mas continuo sendo um viajante. Todos somos, a vida é uma viagem em busca do amor. Quero convidar você a viajar comigo e compartilhar minha bagagem: as experiências que acumulei ao longo da estrada.

Sua companhia, para mim, é importante, pois juntos podemos criar uma atmosfera mais amorosa no planeta. Afinal, já cantava Raul Seixas: "Sonho que se sonha só é só um sonho que se sonha só, mas sonho que se sonha junto é realidade".

Nesses mais de vinte anos como terapeuta, buscando meu caminho e ajudando meus clientes a encontrarem os seus, fiz muitas descobertas. Uma delas diz respeito aos relacionamentos amorosos: o maior problema nesse campo é o fato de as pessoas esconderem a verdade de seus companheiros. E, ao contrário do que diz o ditado popular, o que os olhos não vêem o coração sente, sim.

O mestre indiano Osho dizia:

> A verdade não está velada, não está encoberta; está sempre bem em frente dos seus olhos. Se você a perde, não é por causa dela, mas porque seus olhos estão fechados. O véu não está na face da verdade, o véu está em você. E não apenas um – muitos, milhões de véus.

Sobre a verdade e a maneira como nos colocamos em nossos relacionamentos, é interessante ainda observar o que diz o médico americano Alexander Lowen no livro *Alegria – A Entrega ao Corpo e à Vida* (Summus, 1997):

> Se fomos frustrados ou profundamente feridos em nossa infância, nosso avanço em direção a um relacionamento amoroso maduro será inseguro, nosso empenho hesitante e nossa abertura para a vida, contraída".

Em outras palavras, quando crianças, aprendemos a camuflar nossos sentimentos, a fingir que estamos felizes quando na verdade estamos ressentidos, a mentir sobre nossos reais desejos para não irritar nossos pais. Acalentamos por muito tempo a ilusão de que no futuro as coisas iriam melhorar... Mas o futuro já chegou, nós já somos adultos e as coisas não melhoraram. É a essa verdade que me refiro.

Quando crescemos e estruturamos nossos relacionamentos, acabamos mantendo os mesmos padrões de conduta da infância: fingimos estar alegres quando estamos tristes, fingimos nos sentir seguros quando estamos assustados, fingimos orgasmo mesmo sem sentir nenhum desejo. Para evitar conflitos, as pessoas começam a lançar mentiras "inofensivas":

– Eu nunca amei de verdade...

– Eu te amo todos os dias da minha vida.

– Se você não vai comigo à festa, não tem graça nenhuma...

Um mente e o outro, para não ficar por baixo, entra nas mentiras também:

– Não consigo viver sem você...
– Antes de você, nunca amei ninguém de verdade.
– Nunca senti atração por ninguém desde que conheci você...

As mentiras levam ao fingimento, pois, já que está decretado que eu amo minha parceira todos os dias, tenho de fazer cara de apaixonado mesmo estando muito bravo com ela. E assim por diante. No final das contas, o relacionamento passa a se resumir a uma coisa: quanto tempo nós agüentamos fingir que estamos felizes.

É lógico que as pessoas não agüentam mentir e fingir por muito tempo. Então, um dos dois começa a olhar para outras pessoas, e aí surge a cobrança: "Você não disse que não tem interesse por outras mulheres? Agora fica olhando para todo mundo?" Do fingimento salta-se para as brigas, até que um dia um dos dois não agüenta mais, e vem a separação. As mentiras matam o amor. Porque, um dia, a hora da verdade sempre chega.

Neste livro, quero convidar você a experimentar se relacionar de uma nova maneira: verdadeira, honesta e autêntica. Sem mentiras, que criam ilusões e só destroem o amor. Sem fingimentos, que apenas levam o outro a ter uma idéia errada de você. Sem desculpas esfarrapadas, que só servem para justificar a solidão.

Esse não é um caminho fácil, pois a maioria de nós aprendeu a esconder ou a falsear os sentimentos. Mas tenho certeza de que é a única maneira de criar relacionamentos plenos. Esse caminho traz consigo a possibilidade de você revelar sua alma, a beleza de se descobrir todos os dias, a coragem de se mostrar como realmente é, a energia para fazer desabrochar um amor de verdade.

Para nos ajudar nessa busca, vou lançar mão muitas vezes dos conhecimentos de Alexander Lowen, discípulo do médico alemão Wilhelm Reich e criador da análise bioenergética. Reich viveu entre 1897 e 1957 e introduziu na psicanálise a observação do corpo. Bioenergética, por sua vez, são exercícios corporais que, vinculados à respiração, podem nos ajudar a desbloquear sentimentos reprimidos.

Para facilitar o entendimento de determinadas situações, usarei muitos depoimentos de clientes que buscaram tratamento nos centros de meditação e terapias corporais que coordeno em várias partes do Brasil. São depoimentos de pessoas reais que querem expressar melhor suas emoções e buscam mais profundidade nas relações. Apesar de meus clientes terem autorizado a publicação de seus nomes verdadeiros, preferi omiti-los por respeito à privacidade de cada um.

O mestre indiano Osho, um dos mais influentes líderes espirituais do século XX, serve de inspiração e guia em muitos momentos deste livro. Porque sempre insistiu em experienciar a verdade por si mesmo, seus ensinamentos servem como uma luva para o tema sobre o qual nos debruçamos aqui: a busca de um jeito verdadeiro de amar. Osho morreu em 1990, aos 59 anos, deixando uma comunidade em Puna, na Índia, e milhares de seguidores. Seus discursos foram publicados em mais de 650 títulos e traduzidos para mais de trinta línguas.

Do fundo do meu coração, torço para que você tenha coragem de ser você mesmo e que prefira amar. Sempre. Com simplicidade... Porque gente complicada é um porre. Com delicadeza... Porque gente que gosta de machucar os outros não está com nada. Com bondade... Porque esse sentimento revela a divindade que há dentro de você.

Lembre-se: para ser você mesmo, não é preciso desrespeitar a verdade do outro. Para ser você mesmo, você simplesmente precisa dar atenção à sua verdade. Precisa olhar para dentro de si com o mesmo carinho com que olha para o outro. Precisa querer amar pra valer!

Um grande abraço,

**Prem Milan**

# 1

# Amar vale a pena, mas tem que ser pra valer

*Quem já passou por essa vida e não viveu*
*Pode ser mais, mas sabe menos do que eu.*
*Porque a vida só se dá pra quem se deu,*
*Pra quem amou, pra quem chorou, pra quem sofreu.*
*Quem nunca curtiu uma paixão*
*Nunca vai ter nada, não.*

(Toquinho & Vinicius de Moraes, *Como dizia o poeta*)

Você já parou para pensar nas razões que levam uma pessoa a querer estar com alguém? Já pensou nas razões que levam você a compartilhar a vida com um companheiro? Ora, porque amar é a coisa mais linda que existe. Uma energia fantástica que mexe com o seu corpo, com todo o seu ser.

A pele muda, fica mais gostosa, mais doce, mais delicada. Os olhos brilham. O sorriso se abre. O corpo funciona de uma forma mais saudável, há uma certa leveza no andar. A mente muda por completo, fica aberta, perceptiva. Sonhos reaparecem e nasce uma vontade enorme de viver!

O amor é nosso maior desafio. É o néctar da vida, aquilo que lhe dá sentido. O amor nos dá tesão de viver. Afinal, que graça tem a vida sem amor? Viver sem amar é como fazer uma viagem transatlântica trancado no porão de um navio. Não dá para sentir a maresia. Não dá para apreciar o mar sem fim.

Uma pessoa em estado amoroso consegue sair do porão e perceber o céu, olhar com encantamento para as estrelas. Consegue ver a infinidade de detalhes mágicos que acontecem a sua volta. Quer ver?

> *"Estávamos na praia, e no céu havia algumas nuvens. Aumentei o som do carro e ficamos abraçados, de frente para o mar. Começou a tocar uma música que falava da lua, e eis que a lua vinha surgindo entre as nuvens. Nós nos olhamos rindo, como se não acreditássemos no que estava acontecendo. Comecei a beijá-la. Meu coração estava acelerado. Transamos ali mesmo, com os olhos conectados. Era como se, naquele momento, fôssemos um. Muito preenchimento, risos misturados com choro... Foi uma das sensações mais fortes que tive."*

Esse depoimento se parece com milhares de outras experiências vividas por milhares de pessoas mundo afora. Tenho certeza de que você também já viveu uma cena semelhante. Como eu sei? Ora, porque o amor é universal, e as sensações que ele provoca não variam tanto assim.

Amar alguém é descobrir um outro ser que contém sua própria beleza mas ao mesmo tempo está nos refletindo. A magia do amor nos traz uma profunda aceitação do outro. Começamos a aceitar as pessoas com as suas diferenças. Nós nos sentimos mais pacientes, centrados e felizes.

Quando o amor chega, sempre há uma abertura. Sempre! Mas como ele em geral vem de forma intensa pode acabar trazendo medo e insegurança. Nessa hora, muitos tentam desesperadamente se fechar, bloquear a avalanche que os toma por completo. Porém, quando se trata de amor, você não pode controlar, seu ego explode. Não há outra possibilidade senão se entregar.

O amor traz consigo inúmeras possibilidades: permite que você seja você mesmo, que relaxe com o outro, que fique mais vulnerável, mais criativo e que mergulhe em sua sexualidade. O amor mexe com todos os nossos hormônios. Aumenta profundamente a nossa força corporal e a nossa energia e também nosso magnetismo – se você já esteve apaixonado, já notou isso. Quando uma pessoa em estado de amor entra em algum lugar, todos começam a olhar para ela. Lembra-se? Acho que isso já aconteceu com você...

Quando alguém está amando até vira poeta. O amor traz inspiração. Você escreve bilhetes mágicos, encantadores. Fica tão sensível que muitas vezes uma simples frase toca fundo o seu coração. É uma química mágica, natural.

## O animal, o humano e o espiritual

Nós somos formados por três partes: o animal, o humano e o espiritual. Como animais, buscamos nossa sobrevivência, o poder, expressamos as emoções vitais, vivemos a sexualidade.

E onde começa nossa humanidade? É justamente no coração, na capacidade de amar, de nos entregar, de nos relacionar, de conectar a sexualidade com o amor, de nos derreter no outro.

Do amor, inevitavelmente, somos projetados para o campo espiritual. O coração se abre e há espaço para muito mais. O amor flui sem caminhos predeterminados.

Uma vez nesse estado de preenchimento, começa a transbordar nossa sabedoria, o amor pela vida, pela natureza, pelas pessoas, pelo planeta. Essa é a espiritualidade real. Nesse momento, o deus que há em cada um de nós começa a se manifestar na forma de amor, consciência e compaixão.

Acredito que o amor é a grande chave para a salvação da humanidade. Quando você está apaixonado, não quer saber de guerra, não quer saber de baixaria. Só quer saber da existência, da conexão, da presença, do ser. Esse é o grande milagre!

Infelizmente, muitas pessoas perderam a coragem de amar. Acham muito complicado. O medo de enfrentar esse desafio as leva ao tédio, até que um dia passam a não dar mais valor à vida. Afinal, que gosto tem viver assim?

Muitos seres humanos estão vivendo como zumbis, esperando a morte chegar. Não têm mais esperança nenhuma. Não se permitem sonhar. Como eles próprios são os primeiros a não valorizar a vida em preto-e-branco que levam, não se importam em destruir a natureza. Não se importam com o outro. Não cultivam valores positivos.

É necessário mudar isso urgentemente. As pessoas precisam encher a vida de cores. Como? Acreditando que o amor é a coisa mais importante que existe.

Hoje, quando olho para a vida de grande parte das pessoas, percebo como elas estão dedicando pouco tempo ao amor. Quem sabe no fim da noite, depois de cumpridos todos os compromissos, sobre alguma energia para amar. É exatamente assim que a grande maioria das pessoas pensa. Elas empregam mais tempo num trabalho do qual não gostam, dedicam-se a saciar pequenos vícios, a estudar assuntos inúteis em vez de desfrutar a companhia do ser amado.

Na realidade, estamos dando restos para o amor. E é exatamente por isso que nunca estamos satisfeitos, porque nos relacionamos com o que sobra, com o mínimo, e esse mínimo não consegue manter vivo o amor. Sem ser cultivado, fortalecido, o amor logo, logo vai sendo destruído pelas carências, pelas possessividades, pelos medos.

O resto é muito pouco, gente! É isso mesmo!

Amar faz com que encaremos situações muito difíceis. Gera mudanças, movimento. O amor é uma energia incontrolável, que vem quando nossa vida precisa de uma virada. Ele vem para nos dizer: mais, mais, mais... O depoimento a seguir nos ajuda a ter uma idéia de como as pessoas se enganam quando o assunto é amor:

*"Relacionamento é o maior desafio da minha vida, é onde eu mais me perco, onde minha neurose e medo ficam mais explícitos. Durante muito tempo evitei me relacionar e acreditava que assim me mantinha mais estável, funcionando melhor. Até que, incentivada pelo meu terapeuta, que me disse que o maior desafio da minha vida, naquele momento, era me apaixonar, eu me joguei... Então conheci a verdadeira primavera".*

Quem está amando de verdade não se sente vazio. Com paixão, amizade, crescimento, vivendo a sexualidade intensamente, tendo êxtases espirituais, a gente só faz crescer, desabrochar.

Claro que o amor não é só prazer o tempo todo, mas é possível amar apesar das contas a pagar, apesar das dificuldades. A gente pode amar com os pés no chão, até porque a vida não pode parar para que a gente ame.

Afinal, não estamos falando de um amor ideal, que não existe, que não suporta a vida real, com seus desafios e contratempos. Estamos falando de amar de maneira plena. Estamos falando de uma escolha: você quer amar ou ficar reclamando da vida?

## Os problemas não estão no amor

Depois de tantas belas razões para se abrir para o amor, eu não me surpreenderia se você dissesse: "Não vale a pena. Amar dá trabalho, faz sofrer, é muito complicado". Ou: "Tenho medo de me ferir, de me frustrar".

Mas pense bem: alguma vez você se arrependeu de ter amado alguém? Seja honesto. Mesmo que não tenha dado certo por muito tempo, pelo simples fato de sentir aquela energia transbordando, você não acha que já valeu a pena?

Quero contar um segredo a você: os problemas não estão no amor! Eles aparecem à medida que você passa a não encarar as dificuldades que surgem. Não enfrenta seus medos, inseguranças, carências.

As pessoas podem até não perceber, mas atitudes assim afetam, e muito, os relacionamentos – quando não os impossibilitam totalmente. Aí, no dia que levam um fora ou ficam sozinhas num sábado à noite, elas culpam o destino, a sorte, Deus... Transferindo a responsabilidade de seus fracassos para o outro, essas pessoas nunca vão crescer.

> *"Um relacionamento maravilhoso acabou porque achei que era demais, fiquei com medo daquele vulcão que estava se apoderando de mim. Quando meu parceiro demonstrou todo o amor que estava sentindo, comecei a questionar, foi terrível e acabou. Não suportei ser amada e me sabotei."*

Será que com você tem sido assim? Será que o medo de sofrer tem paralisado você? Vamos olhar bem de perto, lá dentro de sua alma.

Suponhamos que você tenha acabado de começar uma relação e esteja cheio de expectativas, sonhos, desejos. De repente, sem mais nem menos, tudo dá errado. Revoltado, você pega e sai por aí, trocando de parceiro, tentando se convencer de que o problema está no outro. Mas a situação se repete.

Então, para evitar o fracasso, no próximo relacionamento você não se envolve completamente. Prefere ficar na superficialidade, querendo ter apenas bons momentos e evitando conflitos.

A questão é que amamos com o nosso coração, mas estamos o tempo todo duvidando, controlando o amor com o nosso ego. No livro *Alegria – A Entrega ao Corpo e à Vida*, Lowen diz o seguinte:

> Para a maioria das pessoas, a questão não é se amam ou não amam, mas se podem amar com todo o seu ser. Seria demais esperar isso numa cultura como a nossa, que considera a entrega ao corpo como um sinal de fraqueza. Uma entrega fria ao amor frustra-as, mas, em vez de reconhecer a causa de seu fracasso, elas culpam seu parceiro amoroso.

Talvez você esteja fazendo justamente isso: culpando seus parceiros pelo insucesso de seus relacionamentos. Talvez, de tão assustado, você desista de encontrar um amor, achando que o melhor mesmo é ficar só. Ou, ainda, fica idealizando aquela pessoa especial, que vai se encaixar em todas as suas exigências. O tal do príncipe encantado, a tão sonhada princesa do conto de fadas...

Sinto em informar, meu amigo, minha amiga, mas essa pessoa... não existe!

Ao evitar os problemas você perde a chance de crescer com os desafios. Porque as dificuldades que surgem são justamente a chuva que vai fazer a semente do amor germinar. Uma antiga parábola ilustra bem isso que estou tentando explicar:

Um dia, quando Deus ainda morava na Terra, um velho fazendeiro, inconformado com as chuvas e os raios que assolavam as plantações, gerando falta de comida e muita fome no mundo, veio a Ele e disse:

– Olha, você pode até ser Deus e ter criado o mundo, mas não é um fazendeiro e não sabe nem o bê-á-bá da agricultura. Você tem muito que aprender...

Deus, curioso, perguntou:

– Ah, é?!... E o que você me sugere?

O fazendeiro respondeu:

– Dê-me um ano e, durante esse período, permita que as coisas aconteçam do meu jeito. Você vai ver: não haverá mais pobreza!

Deus concordou. Naturalmente, o fazendeiro pedia apenas o melhor: nada de trovões, de ventos fortes, nenhum perigo para a safra. Quando queria sol, havia sol, quando queria chuva, havia chuva, quanto quisesse. Naquele ano, tudo estava acontecendo da melhor forma possível, e o trigo crescia que dava gosto.

O fazendeiro volta e meia ia até Deus e dizia:

– Viu só?! Dessa vez a safra será tão boa que por dez anos, mesmo que as pessoas não trabalhem, haverá comida suficiente!

Mas, quando veio a época da colheita, o fazendeiro percebeu que não havia grãos. Decepcionado, perguntou a Deus:

– O que pode ter saído errado?

Deus respondeu:

– Ora, por não haver desafios, já que você evitou tudo de ruim, o trigo permaneceu impotente. As tempestades, os trovões e os raios são necessários. Eles agitam a alma dentro do trigo!

Não queira você também evitar as intempéries do amor. Enfrente raios e trovoadas. Aceite os períodos de seca. Viva o desafio de amar de verdade!

# 2

# Verdades sobre amar de mentira

*Um amor de qualquer jeito*
*Ser amor a qualquer hora*
*Ser amor de corpo inteiro*
*Amor de dentro pra fora*
*Amor que eu desconheço*
*Quero um amor maior...*
*Um amor maior que eu*

(Rogério Flausino, *Amor maior*)

Minha lembrança mais remota do amor foi aos 8 anos de idade. Nessa época, eu me apaixonei profundamente.

Tudo aconteceu num verão, na praia. Conheci uma garota que me encantou. Ela tinha uma amiga mais velha, e as duas estavam sempre juntas. Quando saíam, a garota que eu estava amando me procurava e dizia, meio de brincadeira, meio séria: "Vou pegar meu namorado".

Nessas ocasiões, eu corria para a caminhonete do meu pai e me escondia no banco de trás. Ela sempre me encontrava. Então, abraçava-me e tentava me beijar. Eu me fazia de difícil, como se não quisesse, apesar de estar louco para que ela me agarrasse.

Fomos embora da praia, meu coração partido. Passei um ano inteiro fantasiando com aquela garota, sonhando com seu rosto, seu olhar, o toque de sua pele. Até que chegou o dia de irmos novamente para a praia.

Meu coração explodia de ansiedade! Quando por fim chegamos ao lugar onde passávamos as férias, cruzamos com um carro. Era o da família da minha amada, que estava indo embora. Ficamos apenas nos olhando, a poucos metros de distância, o carro cada vez mais longe, até dobrar a esquina e desaparecer.

Essa passagem acabou se eternizando em mim, cheia de êxtase pelo reencontro e de dor pela partida. Tudo ao mesmo tempo. Hoje, olhando para trás, o que mais me impressiona é que, já naquela época, meu medo de contato se manifestava. Pois eu poderia simplesmente ter me entregado quando ela quis me beijar. Poderia ter corrido riscos. Mas preferi fugir.

A imagem da garota dos meus sonhos desaparecendo aos poucos permanece em mim até hoje, nos mínimos detalhes, na minha memória. Assim como suas feições, seu olhar, sua meiguice influenciaram por muito tempo a minha atração pelas mulheres.

Desde aquele dia eu soube que o amor é o motivo principal da minha vida. E é por isso que esse sentimento sempre teve um espaço de honra no meu dia-a-dia. Daquela época até hoje, foram raros os momentos em que não estive apaixonado por alguém. Meu coração sempre foi habitado pelo amor.

Para mim, amar é como respirar, é a minha razão de existir. Foi minha maior fonte de excitação e de crescimento, até hoje. O amor embalou meus sonhos, meu corpo, minha alma, sempre misturado com dores, alegrias, esperança. Despertou em mim uma força enorme, que utilizei para realizar meus sonhos.

Se, para mim, o amor é tão fundamental, eu acredito que para a humanidade toda também o seja. Se o que eu digo não é suficiente para convencer você, veja este depoimento:

> *"Sempre vivi amores platônicos na minha adolescência. Amava de longe, esperava, sonhava e pensava: 'Algum dia alguém vai olhar pra mim'. Até que me apaixonei profundamente. Ele era lindo, disputado, e de repente me olhou, me cortejou e começamos a namorar. Foi um momento mágico. Meu amor correspondido, cada abraço, cada beijo era um mundo novo que se abria. Graças a essa experiência, sempre me movi buscando o caminho do meu coração, porque tive consciência da beleza do amor".*

Pois é, não fui só eu que escolhi amar. Até a história, os mitos, as lendas confirmam que amar vale a pena: Sansão sucumbiu por amor a Dalila; a grande Roma se curvou a Cleópatra através do amor de Júlio César; os deuses do Olimpo lutaram entre si por causa de suas paixões.

Da mesma forma, se observarmos a obra de pintores, cantores, músicos, veremos que a inspiração maior sempre foi – e é – o amor. Tudo que é belo tem um pouco da sua magia.

O amor é a força mais fantástica que existe. É tão extraordinário que acabamos tendo medo dele. Mas, se você tiver uma pitada de coragem, o amor pode levá-lo às nuvens. Seu poder está além de qualquer bomba atômica, com a diferença de que ele nunca destrói nada, apenas abre caminhos para a felicidade.

Você pode até estar pensando: "Mas isso que o Milan diz é tão lugar-comum..." E eu pergunto: "Será mesmo? Será que, para não ser chamado de brega, você não está intelectualizando demais o amor?"

## Fingindo para não sentir carência

Uma das coisas que percebi em todo esse tempo como terapeuta é que as pessoas procuram ajuda principalmente por causa de seus relacionamentos amorosos. Ouvindo suas histórias, percebi que elas mesmas criam seus maiores problemas nessa área.

Como? Escondendo a verdade de seus companheiros. Vivendo um amor de mentira. Você deve estar chocado, e pensando: como esse cara tem coragem de me chamar de mentiroso? Calma, não é bem assim. Nós não agimos dessa forma porque temos más intenções, mas porque queremos nos proteger.

Toda criança nasce com um amor transbordante, toda criança é feita da matéria chamada amor. Já o meio a sua volta não tem essa mesma vibração. Então, ainda bebezinhos, percebemos que precisamos nos proteger, que não podemos nos mostrar como somos, que precisamos fingir para agradar ao outro. Através desse comportamento, começamos a perder a capacidade de amar e ser amados.

"O relacionamento que mais simboliza uma ligação amorosa é aquele entre uma mãe e seu filho. No mundo natural, a perda dessa ligação é fatal para um bebê", afirma Lowen. Com o tempo, portanto, descobrimos que nossos pais não têm todo aquele amor que achávamos que eles tinham para nos dar. Na verdade, eles também têm suas próprias necessidades, suas carências. Essa descoberta é frustrante para nós. E é aí que começa nossa luta para recebermos o mínimo.

É por essas e outras que desde crianças aprendemos a fingir que estamos felizes, quando na verdade estamos ressentidos ou tristes.

Aprendemos a mentir sobre nossos desejos para tentar conquistar o amor de nossos pais.

Forjamos um comportamento que lhes agrada, para nos sentir aceitos por eles.

Quando crescemos, mantemos os mesmos padrões de conduta da infância: fingimos estar seguros quando estamos assustados.

Fingimos ter desejo quando, na verdade, nos sentimos vazios.

Fingimos orgasmo quando há um tédio absoluto.

Escondemos nossas necessidades básicas de afeto, de toque, de aceitação.

Esse mecanismo é bastante complexo, e entendê-lo é o primeiro passo para mudá-lo. O psicólogo americano Carl Rogers, no livro *Grupos de Encontro* (Martins Fontes, 2002), pode nos ajudar a desfazer esse nó:

> Cada pessoa aprende cedo na vida que tem mais probabilidade de ser amada se comportar-se de acordo com as maneiras que são aprovadas pelas pessoas que lhe são importantes do que se o seu comportamento for a expressão espontânea dos próprios sentimentos. Por isso, começa a desenvolver uma carapaça de comportamentos externos, através da qual se relaciona com o mundo exterior.

Pense comigo: por que uma criança aprenderia a esconder suas reais necessidades? Trocando em miúdos, porque é muito doloroso lidar com a descoberta de que os pais não são capazes de suprir sua sede de ser amada. E é assim que continuamos nos comportando ao longo da vida.

"Puxa, Milan, agora você complicou, hein?", você deve estar pensando... Mas a questão é mais simples do que parece. Basicamente, para evitar a dor, aprendemos a esconder de nós mesmos nossas carências. Quando adultos, reproduzimos isso em nossos relacionamentos.

Acreditamos ser maduros quando, emocionalmente, ainda somos crianças.

Fingimos não precisar de ninguém para evitar a dor de um não, de uma despedida, de uma perda.

Aprendemos, enfim, a mentir para nós mesmos... E para o outro. Mas o fato é que as mentiras não costumam durar para sempre. Nosso coração – ou o coração do outro – uma hora vai dar o alerta, e então o que verdadeiramente somos precisará vir à tona.

## Vivendo um amor de mentira

É claro que no início de uma relação existe toda a beleza do desabrochar do amor. Nos momentos de paixão, dizemos coisas belas, que são reais naquele instante... Mas apenas naquele instante.

Com o tempo, as mesmas coisas ditas se tornam obrigações a serem mantidas, criando tensão no relacionamento. Começamos, então, a lançar mão de pequenas mentiras para evitar conflitos. E, sem perceber, passamos a viver um amor de mentira.

Você certamente já ouviu algumas destas frases:

– Claro que adoro visitar sua mãe, sei como é importante para você.

– Eu nunca tive tanto prazer com alguém.

Aos poucos, as mentiras vão crescendo e começam a destruir o amor:

– Não sei aproveitar um passeio se não for com você.

– Nunca senti por ninguém o que sinto por você...

Uma coisa leva à outra e, quando menos se espera, você está preso num emaranhado de mentiras. Afinal, já que você "nunca teve taaaanto prazer com alguém", nos dias em que não estiver a fim, vai se sentir na obrigação de ao menos fingir que está. Já que você "adora visitar sua sogra", vai se obrigar a fazer cara de feliz mesmo quando estiver "por aqui" daqueles almoços em família.

Como eu já disse, é lógico que as pessoas não agüentam mentir e fingir o tempo todo. Chega uma hora que cansa, não há mais escapatória, não há mais como esconder certos sentimentos. Quando um dos dois começa a querer sair sozinho com os amigos, vêm as cobranças: "Você disse que só curte passear comigo, e agora vive saindo e me largando em casa?"

Com tantas mentiras, cobranças e brigas, o relacionamento chega a um ponto em que um dos dois não agüenta mais, e vem a separação.

Talvez, lendo isso, você logo pense: "Mas eu não minto!" Será que não? Segundo Osho, "99% das coisas que nos rodeiam são mentiras. Mas você se sente confortável com elas, sente-se acomodado. A verdade é incômoda porque requer uma mudança radical".

Olhar as histórias de outras pessoas pode ajudá-lo a perceber como funciona o mecanismo de mentir para si mesmo:

> *"De cada namorada eu exigia a mesma paixão, a mesma entrega, que ela me desse de volta toda a energia que eu estava dando. Assim, eu me sentia completamente preenchido. Mas era como tomar vinho quando se está com fome: a carência ainda estava lá, e aumentando, sem que eu me desse conta. A paixão acabava, mas o relacionamento se arrastava por meses, sem cor, sem emoção, até surgir outra pessoa. Foi duro ver que muito desse comportamento era para ter atenção e amor totais de uma pessoa por mim, coisa que não tive dos meus pais. Eles não me deram todo o amor que eu gostaria de ter recebido deles".*

Viu como é sutil? Como a gente nem percebe quando está mentindo? Permita-se agora investigar mais profundamente a história de seus amores. Olhe mais uma vez para as relações passadas e lembre-se dos pequenos detalhes, dos momentos em que você não se sentiu à vontade, em que alguma coisa parecia desconfortável.

Talvez aí estejam as pistas de que você, muitas vezes, não foi verdadeiro nem consigo mesmo nem com o outro. A gente pode inventar mil disfarces, mas o fato é que o coração sente mesmo aquilo que não está escancarado. O coração é sábio. Impossível enganá-lo.

# 3

# Sinais de que o amor está indo embora

*Acontece que o meu coração ficou frio*
*E o nosso ninho de amor está vazio.*
*Se eu ainda pudesse fingir que te amo*
*Ah, se eu pudesse.*
*Mas não quero, não devo fazê-lo,*
*Isso não acontece.*

(Cartola, *Acontece*)

Todos nós, quando nos apaixonamos, ficamos em estado de graça. "Puxa vida, até que enfim encontrei o amor da minha vida..." Esse pensamento toma conta da gente, e a vida parece que fica mais leve, mais fácil de levar.

Depois de tanta espera, de tanta luta, só queremos saber da beleza desse sentimento, e mais nada. Camuflamos os pequenos incômodos e deixamos as insatisfações em segundo plano. Nós simplesmente preferimos ficar como que embebedados pelas sensações gostosas da paixão.

Como nossa carência anterior é muito grande, o fato de termos formado um novo par amoroso com alguém nos dá uma sede, uma vontade de viver intensamente aquela história. É claro que antes de nos entregar sentimos um medo muito grande. Mas depois a atitude muda: se no começo questionávamos demais o relacionamento, depois de algum tempo passamos a fechar os olhos para o que acontece.

Na tentativa de fazer com que a relação dure para sempre – afinal, ela nos dá tanto prazer! –, não aprofundamos o encontro. E não percebemos alguns sinais emergindo de dentro de nós, que dizem claramente: "Perigo!" O depoimento a seguir ilustra bem o que estou dizendo:

*"Passei um tempo morando com uma pessoa. Tínhamos montado juntos a casa dos meus sonhos: Ipanema, perto da praia, móveis descolados... Eu não queria ver que não estava mais feliz, que já não amava meu namorado nem ele me amava. A gente passou quase um ano se enganando e fazendo promessas de um amor falido. Eu não queria perder o meu sonho cor-de-rosa, não admitia que ele tinha chegado ao fim. No final, nós nos machucamos muito, porque não soubemos nos separar quando vimos que era hora".*

O fato é que, à medida que o relacionamento avança, o casal precisa ir amadurecendo o que sente um pelo outro. Os momentos agradáveis, que no começo daquela história enchiam o coração dos dois de alegria, passam a não ser suficientes. Cada um quer mais, quer amar no cotidiano, no meio das coisas tristes, das coisas difíceis... Sentem-se tão plenos por causa daquele amor que sua alma tem necessidade de crescer.

Esse é um processo natural: o amor sempre nos faz mais inteiros, pois se alastra por todo o nosso ser. E tudo que está ali bloqueado, estagnado, o amor vai revolver e trazer à tona, a fim de criar uma base mais sólida para um salto ainda maior.

É que, conforme o amor avança, deve haver uma abertura para novas experiências. O casal precisa se expandir, fazer descobertas.

Não pode ficar fechado num relacionamento que não se transforma, que não se renova. Há também situações mais extremas, em que é preciso admitir: o amor não é eterno. Toda relação tem começo, meio e, muitas vezes, fim.

Mesmo um casamento que durou uma vida inteira precisou ser reciclado várias vezes. Pergunte, por exemplo, a seus avós. Tenho certeza de que, ao contar a história de amor que viveram, uma das primeiras frases será: "Nem sempre foi tudo um mar de rosas". Os relacionamentos enfraquecem com o tempo. São como árvores que precisam ser podadas. Ou cortadas.

Sim, porque há casos em que não há como haver renovação. É claro que o melhor é ficar junto para sempre. Todos temos, lá no fundo, o sonho de ficar velhinhos ao lado da pessoa que amamos. Mas por vezes os relacionamentos precisam ser rompidos, e por uma razão muito simples: a seiva do amor deixou de fluir ali.

> *"Vivi uma mesmice com minha mulher por três anos. Não falávamos com sinceridade, se um brigava o outro ficava quieto para evitar atritos, não expressávamos o que sentíamos. Eu estava sufocado e ela também, mas nenhum dizia isso para o outro. Tentávamos manter a aparência. Uma raiva muito grande ficava me martelando. Não tinha coragem para brigar com ela, nem transformava o que sentia para poder chegar perto e abraçá-la."*

Você tem alguma dúvida se o casamento acima terminou? O fato é que o relacionamento sempre avisa que o amor está indo embora. Cabe a você ouvir esse aviso. O problema é que, quando percebemos que o fim de uma grande paixão se aproxima, somos tomados por um medo absurdo de ficar sozinhos novamente. Medo, não: pânico! Como a criança que um dia fomos teve medo de ficar sozinha no quarto na hora de dormir.

É preciso calma nessa hora. O casal deve olhar com carinho para o que está sentindo, conversar muito, para só então tomar uma atitude. Pode ser que a história de amor esteja apenas enfraquecida, necessitando de cuidados. Mas também pode ser que esteja precisando de um ponto final. Para que uma nova história possa começar a ser escrita.

Vamos juntos olhar mais de perto alguns desses sinais, observar certas situações muito comuns nas relações que indicam que alguma coisa não anda bem.

## ♡ Que só dure o tempo que mereça

Uma das coisas que as pessoas mais desejam é que o amor dure para sempre. Naturalmente, quando nos apaixonamos, sentimos que ele será eterno. Aquele amor está tão quente, tão vivo, que parece impossível que termine um dia. Tente se lembrar das vezes em que esteve apaixonado ou apaixonada: tudo era tão excitante e mágico que você gostaria de congelar o tempo, não é mesmo?

A sensação de eternidade se dá num momento amoroso profundo, porque aquele instante é único. O tempo deixa de existir e o amor é *realmente* eterno. Fica gravado para sempre na memória. Por isso nunca esquecemos de uma grande paixão.

Pelo fato de o amor possuir uma mágica atemporal, as pessoas confundem isso com a eternidade no tempo físico. Só que no momento em que você se fecha no amor com uma pessoa e passa a agir como se nada mais tivesse importância na face da Terra, até mesmo forçando uma barra, se preciso, para que aquele relacionamento nunca acabe, começa a enjaular os sentimentos.

Isso, aos poucos, vai reduzindo a intensidade do amor. É como um animal que vai perdendo sua beleza selvagem quando colocado num cativeiro. Você pode achar que, enjaulando seu amor, está se protegendo dos perigos. Mas, na realidade, está tirando sua força vital, porque o amor precisa de liberdade. Se for para durar para sempre, ele vai durar. Se não for, não adianta forçar a barra.

Vamos dar uma olhadinha no exemplo a seguir. Este depoimento ajudará você a entender, de maneira concreta, o que significa "enjaular o amor":

> *"Vivi uma grande paixão. Realizamos muitos sonhos, mas a paixão foi morrendo e a cada dia fazíamos mais coisas para manter juntos casa, carro, cachorro, filhos. Um dia, eu me dei conta de que nosso amor tinha morrido e eu estava fazendo todo o possível para manter algo que não existia mais".*

Viu como não dá certo fazer isso? Portanto, você precisa ter a coragem de arriscar. Quando perceber o perigo, fuja daquele monte de promessas vazias: "Eu te amo para sempre", "Nunca vai existir alguém como você". O que você quer, na verdade, é que a pessoa prefira ficar a seu lado a qualquer custo. Quer convencê-la de que do jeito que está é melhor.

Olhe, meu amigo, vou lhe dizer uma coisa: esse comportamento é até natural. Quando nos encontramos numa situação confortável, não queremos perder isso de jeito nenhum. Só que muitos preferem amar. Preferem acabar com um relacionamento que já se esgotou. Preferem não ficar vivendo uma mentira.

E isso não quer dizer que não amaram ou que as promessas feitas não foram verdadeiras. Foram, sim. Mas os sentimentos mudam, o amor segue seu curso, não fica parado. Manter-se preso àquelas promessas, como se elas fossem um contrato a ser cumprido, pode acabar empacando a nossa vida e a do outro.

Insisto mais uma vez: o amor caminha, transforma-se e até pode acabar. Esse é o curso natural das coisas. A gente até sabe disso, porém o medo de não suportar viver sem aquele amor às vezes nos paralisa. E aí ficamos prolongando algo que não existe mais e que, se está destinado a acabar, vai acabar cedo ou tarde. Mas de uma maneira feia – e não precisa ser assim.

Desde o seu primeiro amor, que você jurou ia ser eterno, você sabe que é assim que as coisas acontecem. Um dia o amor acaba e você chora como se nunca mais fosse amar outra vez. Mas depois surge outra pessoa, e mais outra, porque o amor é uma fonte inesgotável.

Se ficar preso ou presa a um só amor, outro jamais surgirá. O canal do amor precisa estar sempre aberto, e é essa abertura que traz excitação, uma insegurança boa, uma sensação que vai fazer com que você se mova emocionalmente. Só assim vai descobrir que o momento seguinte pode ser diferente.

> *"Eu estava há muito tempo casada e minha relação não tinha mais emoção. Minha vida estava um tédio e eu não queria mexer em nada. Era melhor ficar assim, amizade e parceria eram suficientes. De repente me apaixonei, e esse amor mexeu profundamente comigo. Meu coração renasceu e meu tesão empurrou as montanhas de dificuldades que impediam que eu crescesse. Vivendo a força do amor, rompi com tudo aquilo que não queria mais. Eu me separei, aluguei um apartamento e fui viver lá com a minha filha. Ao abrir meu coração para aquele amor, transformei tudo a minha volta e resgatei o prazer de viver."*

É claro que essa separação causou sofrimento. Mas causou também transformação, e esse é o grande bem que o amor nos faz. Há, é verdade, um risco, porém um risco necessário para que se crie uma energia nova. A liberdade vai permitir, a você e a seu parceiro ou parceira, possibilidades de encontros com outras pessoas. Isso é justamente o que movimenta o amor.

Não adianta querer eternizar o amor no tempo físico. Quando você faz de tudo para mantê-lo do jeito que está, acaba congelando o sentimento. Sem espaço para crescer nem para se recriar em outro nível, o amor acaba não resistindo e morre.

O eterno no amor acaba se transformando numa condenação. Quando você está muito seguro em uma relação, naturalmente começa a diminuir a intensidade do que sente. Acaba não tendo energia para descobrir novas possibilidades de aventura, de tesão com a pessoa amada.

Pense bem. Você certamente já vivenciou uma situação assim. Com certeza já esteve num relacionamento que passou a não lhe oferecer mais nenhum desafio, que não o instigava mais a crescer. Talvez seu relacionamento atual seja desse jeito. Você até que percebe, mas continua fazendo força para não admitir que aquela chama eterna é agora apenas uma faísca prestes a se extinguir.

É como alguém que tem um emprego seguro: tanto faz trabalhar bem ou mais ou menos. A cadeira dele, afinal, vai estar sempre ali. Se é assim, para que se esforçar? Uma situação dessas é perfeita para que o tédio se instale, tome conta de tudo e acabe com a vida da pessoa.

Muitos relacionamentos são exatamente como esse emprego seguro: depois de um tempo, ficam estagnados. Os parceiros, acomodados, vão vendo a vida passar. Não há mais desafios. Não há mais emoção. Não há mais crescimento. O caso a seguir espelha bem essa situação:

> *"Estava casada há dez anos e achava meu relacionamento muito amadurecido. Passamos por muitas crises e ainda estávamos juntos. Éramos amigos e nos conhecíamos bem. Já tínhamos feito de tudo no sexo, explorado muitos limites. Eu achava que isso era o que de melhor eu poderia ter. Mas uma insatisfação enorme crescia em mim. Para abafá-la, desenvolvi teo-*

*rias sobre os níveis de amor e sobre como a paixão é um estado regredido e projetivo. Mas a vida me trouxe uma nova paixão e a revolução aconteceu. Somente ao viver um novo amor, com todos os seus riscos, é que percebi quanto estava anestesiada, enganando a mim mesma".*

Como se pode perceber, o excesso de segurança mata qualquer relacionamento. É bom para os presídios, não para o amor. A insegurança boa é aquela que nos faz ficar ligados, com mais energia, mais amorosos. É a expectativa do novo.

É só se lembrar do início de uma paixão, quando você está conquistando a pessoa. Existe uma expectativa que excita, porque você não sabe o que vai acontecer no momento seguinte. Dá até um frio na barriga...

Pois é, essa sensação vem da energia que está fazendo com que o amor aconteça. Quando você cai na armadilha da acomodação com seu parceiro ou sua parceira, acaba o frio na barriga. Os dois pouco a pouco vão se perdendo no meio de tantos pactos, e o amor deixa de existir

## Quem sabe o príncipe virou um chato

Outra grande expectativa das pessoas é que o relacionamento amoroso preencha todas as carências e necessidades. Mesmo sem nos dar conta, esperamos determinadas atitudes de nossos parceiros porque precisamos suprir uma falta lá de trás. Não é o adulto de agora que está pedindo: é a criança que um dia fomos.

A criança que não se sentiu suficientemente amada pelos pais nos acompanha pela vida afora. E não tem essa de dizer que você teve uma infância maravilhosa, que toda sua necessidade de amor foi suprida. Isso é uma fuga, porque nenhum pai e nenhuma mãe do mundo conseguem fazer isso. Seus pais podem até ser muito legais, mas são humanos. E, como tal, amam de forma limitada. Imperfeita.

Embora triste, a história a seguir nos revela algo: que é preciso encarar os problemas, pois só assim é possível superá-los.

*"Meus pais se separaram quando eu tinha 14 anos. Até ali minha família tinha uma situação financeira privilegiada. Na mesma época, meu pai perdeu o emprego e foi quebrando financeiramente. Começou a ir cada vez menos me visitar. Eu senti uma dor muito profunda e uma sensação de perda muito grande. Foi aí que comecei a ligar as coisas. Que o medo que eu tinha de terminar com meu namorado era o medo criança dentro de mim de perder o pai. Eu não queria me sentir abandonada mais uma vez. Eu pagava um preço muito alto para que o relacionamento não terminasse, eu me anulava e deixava que ele fizesse comigo tudo o que quisesse."*

Pois bem, voltemos ao poço sem fundo da nossa carência. Muitas vezes, quando cobramos da pessoa amada mais atenção, mais respeito, mais carinho, estamos reproduzindo padrões de comportamento da infância.

Quantas vezes você, ao brigar com sua amada ou com seu amado, sentiu uma dor tão funda, como se seu mundo fosse despedaçar? Quantas vezes teve a sensação de que ia morrer depois de um rompimento? Quantas vezes, por achar que precisava tanto do amor daquela pessoa, acabou até mesmo passando por cima da sua dignidade, a fim de conseguir dela um pouquinho de atenção e carinho?

Você pode também ter feito o trajeto inverso: quantas vezes agiu como se não precisasse de nada, manipulando assim a atenção e o afeto do ser amado? Se for sincero consigo mesmo, com certeza vai lembrar que já fez algo parecido, embora isso nem sempre seja tão evidente...

Agora, experimente imaginar como seria se relacionar com o outro como ele é de fato, sendo você exatamente quem é. Como seria mostrar-se de verdade, buscando satisfazer suas expectativas, e não só as do parceiro?

O amor deve ser algo que nos satisfaz e nos torna felizes, não algo de que precisamos desesperadamente. Esse é o primeiro ponto. A segunda questão é que, para uma história dar certo, ela tem que transcorrer entre personagens reais: não adianta fingir que você é um príncipe. Com o passar do tempo, aquilo que você é de verdade virá à tona, e aí? Sua parceira vai ter que escolher entre o príncipe e o chato?

O melhor é ser verdadeiro desde o início. Isso não significa que, se você é uma pessoa insuportável, o outro vai ser obrigado a engolir isso e pronto. Nada disso. Se ninguém suporta suas manias, por exemplo, você precisa primeiro se tratar, para depois pensar em se relacionar com alguém. Mas, como ninguém é perfeito, tem coisas que fazem parte da gente de maneira definitiva. Essas partes inseparáveis de nós, precisamos assumir e não ter medo de mostrar para o mundo, para o ser amado. A pessoa tem que ter o direito de escolher se quer ou não viver conosco... do jeito que somos de verdade.

## Você é assim, é tudo para mim...

Como já disse, a nossa noção de amor baseia-se muito na relação que tivemos com nossos pais. Isso é fato, a psicologia estuda esse comportamento regredido. Lowen explica que,

> ao se apaixonar, a pessoa volta a vivenciar o amor que um dia sentiu pela mãe ou pai, mas ao fazer isso regride em parte de sua persona-

lidade, passa a ser uma criança novamente. Assim, embora o sentimento de amor seja genuíno, não decorre de uma entrega ao corpo, mas de um abandono da posição adulta.

O fato é que, no mundo das idéias, temos um conceito muito bonito e maduro do amor. No entanto, quando ele é vivenciado no nível emocional, somos crianças de novo. Na prática, isso vai ser um desastre. Você pode notar fragmentos desse comportamento infantil no amor pelos apelidos que damos um ao outro. São sempre diminutivos: "Mãezinha", "Duzinho", "Bituquinha", "Miminho"...

O que acontece, afinal, para que passemos a agir desse modo? É que, quando nos apaixonamos, o coração começa a se abrir e, com isso, tudo o que está guardado ali vem para fora, e também as carências da infância.

Para preencher essas faltas, começamos a projetar no outro nosso pai ou nossa mãe. O parceiro ou parceira começa a assumir papéis paternais e maternais. Você também faz o mesmo em relação a ele ou ela. Assim, ambos projetam no outro a aprovação que gostariam de ter obtido dos pais, o carinho que queriam ter recebido. Só que esse é um processo, claro, que ocorre de forma inconsciente. O relacionamento então passa a ter um ranço, um gosto de coisa estragada. E não sabemos de onde vem essa sensação ruim.

Por exemplo: às vezes, o jeito do outro falar faz você se lembrar de determinada frase ou entonação, o que imediatamente aciona alguma lembrança afetiva antiga. Se ela for desagradável, você automaticamente fica bravo ou desconfia do parceiro. Mas ele não tem nada a ver com isso. Apenas apertou sem querer um botãozinho qualquer dentro de você que fez vir à tona sensações desagradáveis do passado.

Ter consciência desse processo é muito bom, pois lhe possibilita a chance de aprender a se relacionar de outra maneira. Ao perceber que está projetando no outro uma carência da infância, você vai poder reagir e voltar a assumir uma postura adulta. E não ficar à mercê de seu subconsciente, numa viagem emocional que nada tem a ver com o que está vivendo no presente. Veja como faz bem o processo de autoconhecimento:

> *"Sempre fui muito possessivo, tinha ciúme até da sombra. Um dia, meu terapeuta disse que todo esse ciúme e raiva já estavam em mim. Os relacionamentos apenas apertavam os botões desses sentimentos negativos. Foi um choque, fiquei dias muito confuso. Ao longo do trabalho terapêutico, acessei cenas de infância em que meu pai sempre me invalidava, sempre me botava para baixo. Percebi quanto não me achava suficiente como homem. Então, caiu a ficha: todo aquele ciúme, na realidade, era insegurança, porque eu me achava pior que os outros homens. Tinha medo de levar um pé na bunda da minha parceira e que ela me trocasse por outro".*

Naturalmente, não estou afirmando que depois de um trabalho terapêutico nunca mais haverá projeções em seus relacionamentos – em algum nível, elas sempre estarão presentes. Mas ao menos não cultivaremos mais a fantasia de que somos dois anjos. Não. Temos nossas falhas, nossos assuntos mal resolvidos, o que é plenamente normal. O ser humano não é perfeito.

Nós queremos viver como se já tivéssemos chegado ao nosso destino. Mas viver é justamente o caminho que trilhamos até chegar lá. Essa é a aventura. Sem isso, não há emoção. Assim também, os relacionamentos não nascem prontos e acabados. É preciso paciência e força de vontade para construí-los. O paraíso não vai cair do céu sem mais nem menos no nosso colo. A própria busca, em si, já é o paraíso.

O problema é que essa busca pode acabar se transformando num inferno, se a gente der muitas voltas e não acertar o passo. Ou se não desviarmos dos obstáculos do caminho. Para que isso não aconteça, é preciso estar alerta. Tentar resolver bem as questões do passado, limpar o coração e a mente. Aquilo que vivemos na infância, as frustrações, as faltas, se não forem trabalhadas se tornarão uma bola de neve. Podem até nos atropelar.

Esse é um ponto crucial. Primeiro, é preciso explorar as lacunas da infância. O que não foi vivenciado, realizado, satisfeito. Dessa forma, fica mais fácil perceber quando estamos fazendo uma projeção, tentando preencher no presente faltas que vêm lá de trás. Se não dermos esse mergulho em nós mesmos, inconscientemente continuaremos tentando, em nossos relacionamentos, saciar a carência da criança que mora em cada um de nós.

Será que você já fez isso? Será que já viveu um relacionamento infantilizado, pegajoso, em que você era totalmente dependente do outro?

Ou vice-versa?

Se sim, você já carregou um relacionamento nas costas, sem ter a coragem de cair fora. Já deixou de se envolver emocionalmente com outra pessoa, por ficar preso a um amor que já havia acabado. Já jogou com seu parceiro ou parceira jogos muito parecidos com os que fazia com seus pais, quando sentia que eles não o aceitavam ou não davam todo o carinho que você queria receber.

Se parar para pensar um instante, pode até fazer uma descoberta chocante: que já agiu assim mais de uma vez em vários relacionamentos. A repetição desse comportamento infantil impede que você cresça, que seu amor siga em frente.

Normalmente, você sente que esse tipo de relação não está sendo legal, que deve mudar, que precisa terminar, só que não consegue. Vem a sensação de que vai perder a pessoa para sempre, perder o sentimento para sempre, como se fosse a perda de seu pai ou de sua mãe, e aí vem a paralisia. Que criança quer ficar sem os pais para sempre?

O que acontece é que somente seus pais são únicos em sua vida. Claro: você só tem um pai e só tem uma mãe. Já amores você pode ter vários. Só que, como está muito projetado, você não consegue perceber isso. Então, fica com a sensação de que, se aquele relacionamento amoroso terminar, nunca mais vai amar ninguém, de que vai perder tudo que tem na vida.

Muitas vezes, também, entramos numa relação por necessidade. Isso não é errado, pois pelo menos possibilita que venha à tona aquilo que está bloqueado. Ao perceber o problema, temos a chance de resolvê-lo.

Em algum momento, você vai se dar conta da sua relação de dependência, de que não está ali trocando com o outro, e sim necessitando dele. Mesmo que depois você queira esquecer, tenho certeza de que virão *flashes* dizendo: "Não é por aí, *brother*..."

Só vamos ter a oportunidade de enxergar que um tipo de relação não está nos fazendo bem se... estivermos nos relacionando. Se, por medo de errar, preferirmos fugir, nunca faremos nenhuma descoberta. No amor, ser corajoso é fundamental.

> *"O fato de eu não crer na possibilidade de ter uma história de amor legal está intimamente ligado a achar que não mereço isso. Tenho diminuído o espaço dessa tirania interna, deixando que as pessoas entrem e percebam meus mecanismos de defesa. Isso tem me aproximado cada vez mais da paixão que eu quero para mim. De um gostar que mude meu estado de ânimo, me dê força, vontade de viver."*

Agora, você já parou para pensar em como é difícil que o outro consiga satisfazer suas necessidades?

Em quantas ocasiões ouviu o outro dizer "eu te amo", mas queria ter ouvido "você é o meu maior amor nesse mundo"?

Em quantas ocasiões tem agido como uma criança carente, sempre querendo mais?

Lowen diz que

> é impossível ter um relacionamento amoroso maduro se a pessoa não é adulta, se é incapaz de apoiar-se sobre as próprias pernas, sozinha se necessário, e de expressar sentimentos livre e plenamente. "Essa visão do amor é contrária à idéia popular de que no amor se deve estar à disposição da outra pessoa. Isso torna o relacionamento uma servidão em vez de um compartilhar.

Geralmente, quando um dos parceiros está em estado regressivo, o outro também entra. Os dois, não se dando conta da projeção, não conseguem terminar o relacionamento. Isso só vai acontecer quando algo externo provocar um choque, como uma traição.

Depois de muito custo, talvez você consiga partir para outra história, na qual provavelmente repetirá o mesmo quadro. E, a partir desse momento, começa o processo regressivo outra vez.

Por isso é necessário dar um basta. Para que você tenha a chance de, um dia, desfrutar o amor de forma madura e positiva.

## Quem não tem colírio usa óculos escuros

Existe um momento na relação amorosa em que os parceiros deixam de enxergar o que está realmente acontecendo entre eles. Todos de fora percebem que o relacionamento está horrível, mas os dois acham que ainda está maravilhoso.

O medo de perder a pessoa amada é o mesmo medo que temos na infância de não sermos amados por nossos pais. Quando isso acontece, a criança começa a distorcer a realidade, pois, para ela, é muito difícil se dar conta de que não está sendo amada, de que não está sendo nutrida. Ela *precisa* distorcer a realidade, pois não tem autonomia. Ela depende dos pais para viver.

Com 6 ou 7 anos, se não está satisfeita com a forma como está sendo amada, a criança não pode dizer "vou pegar minha mala e ir embora". Ela tem que ficar onde está. Só que, como é muito doloroso conviver com esse não-amor, ela aprende a não enxergar a realidade.

Quando adultos, nós entramos nesse mesmo espaço de criança nas situações em que o medo toma conta de nós. É preciso crescer e encarar a realidade para podermos seguir em frente, senão vamos continuar repetindo sempre a mesma história, sem chegar a lugar nenhum.

Uma coisa que ajuda bastante é ouvir os toques dos amigos, perceber como eles nos vêem, como avaliam determinada situação que estamos vivendo:

> *"Estava em um relacionamento há dois anos e não cogitava a possibilidade de não amar mais meu namorado. Não queria ver que a história já tinha acabado. Nós dois estávamos deprimidos, meus amigos diziam isso, mas eu não queria escutar. Hoje vejo que no final nós éramos apenas uma bengala um para o outro".*

Também é importante se empenhar num trabalho de autocrescimento, colocando quaisquer questões que afetam o relacionamento de forma clara para o parceiro. Está na hora de parar de fazer joguinhos para se certificar de que é mesmo amado, de parar de criar situações para ver se é aprovado. Já fizemos isso de maneira abusiva na infância, e não deu certo.

Se até hoje você tem vivido suas relações de um jeito infantil, fantasioso, é hora de tentar agir de maneira diferente. Aos poucos, dando um passo a cada dia, procure atuar de forma mais madura. Você verá que, construída na base da verdade, uma história de amor é muito mais consistente.

Muitas vezes, chegamos à conclusão de que não estamos mais um a fim do outro, mas, para não termos de enfrentar o risco que uma situação como essa envolve, começamos a demonstrar interesse por política, teatro, música, esportes... Isso, em si, não tem nada de errado. O problema é quando se lança mão desses impulsos apenas para desviar o foco. Pode ser que, quando percebermos o que está acontecendo, já seja tarde demais e um dos parceiros, por exemplo, já tenha se apaixonado por outra pessoa.

Ou, quem sabe, nem isso. Apenas nos deprimimos totalmente porque estamos estagnados, com o coração bloqueado. Então, nós nos escondemos atrás do uso de álcool, drogas ou remédios.

Se você não encarar a verdade, como a situação poderá ser transformada?

## Amor é prosa, sexo é poesia

A maioria de nós acha que não tem problemas sexuais, mas na verdade tem. Não estou falando de impotência, ejaculação precoce, falta de tesão. Falo de imaturidade sexual, ou seja, uma vivência pouco profunda nessa área. Muitos de nós tivemos uma adolescência castrada, com poucas experiências sexuais. Outros tiveram muitas experiências nessa área, mas desvinculadas do coração.

O que estou dizendo é que ter experiência sexual é importante, sim. Não se trata de ser promíscuo, de fazer sexo com qualquer um, de qualquer jeito. Trata-se de estar aberto para mergulhar nas emoções que o outro desperta em você. E isso inclui fazer amor, por que não? Desde que seja com responsabilidade, levando em conta seus próprios limites e valores. E respeitando a pessoa que está a seu lado no momento desse encontro profundo.

Com certeza, seria muito mais rico se na adolescência tivéssemos transado com várias pessoas, namorado mais. Pois cada homem, cada mulher desperta em nós uma sensualidade diferente. Mas fazer sexo só pelo sexo também não adianta, e por um motivo muito simples: a gente não se relaciona com coisas, se relaciona com gente. E, por se tratar de gente, é preciso haver uma conexão com o coração. Você não precisa estar perdidamente apaixonado nem estar de casamento marcado para fazer amor com alguém, mas precisa estar, no momento do sexo, ligado de corpo e alma àquela pessoa.

Nossos bloqueios seriam mais facilmente desfeitos se aumentássemos nossa capacidade sexual, pois assim nos entregaríamos de modo mais intenso a nosso parceiro ou parceira. Mas aí estão presentes vários tipos de obstáculo, e não aqueles apenas relativos a nosso ser individual. Há questões morais profundas, que só servem para aumentar os bloqueios. Claro que, em tese, deveríamos estar maduros para o amor quando chegássemos à vida adulta. Mas a realidade não é essa. Entramos num relacionamento carregando muitas faltas anteriores, muita coisa mal resolvida.

Logo que os parceiros se encontram é tudo maravilhoso, porque o fato de o amor acontecer cria uma energia extraordinária e todos os sentidos se abrem. No começo, o casal de apaixonados faz amor todos os dias, até mais de uma vez. Cada transa pode durar um tempão. Então, parece que aquela infinita carência que vínhamos sentindo se acabou, que o buraco em nosso coração foi preenchido.

Mas, aos poucos, todo esse tesão como que vai gerando energia demais, emoção demais. Surgem, então, nossos fantasmas para atrapalhar essa harmonia. Fantasmas que nada mais são que nossos medos. Medos que acabam por bloquear a energia do amor, canalizada através do encontro sexual. Depois de algum tempo, a energia do amor começa a baixar, e o sexo já não é tudo aquilo que era antes.

É que a gente passou a barrar aquela energia que, focada no coração, fluía também através da sexualidade. Por medo, por pirações do ser humano, por questões morais, sei lá. O fato é que, por não olhar de forma mais profunda para o que está acontecendo, o casal começa a gastar a energia do amor para manter uma sexualidade que já não é espontânea.

O ideal, nesse momento, é fazer um trabalho terapêutico para abrir o bloqueio sexual. Senão, quando se der conta, o casal perceberá que seus corações estão vazios e seu amor, outrora exuberante, está perdendo a vitalidade. Tantos são os limites que as duas pessoas se impõem para não correr perigo que a relação vai se tornando corriqueira, estável e sem brilho.

> *"Nos períodos em que éramos um casal ideal tudo funcionava, mas com uma vida fechada e simbiótica. Aos poucos, tudo virou um inferno. Não tínhamos mais amigos e todos os problemas eram divididos somente entre nós. Nossa vida sexual era morna e eu tinha muita dificuldade em ter orgasmo, não me dando conta de que não tinha muito tesão por ele. Chegou uma hora em que não o agüentava mais, porém custei a terminar a relação por achar que talvez as coisas pudessem mudar."*

Lowen nos adverte que, "conforme diminui a excitação sexual entre os cônjuges, o homem literalmente porta-se como o pai de sua esposa, enquanto ela banca a 'mãe' de seu marido". Em situações assim, é comum o casal achar que é preciso criar algo externo para reativar o relacionamento. Então, os dois decidem casar, ou ter filhos, ou ainda construir uma casa nova.

Pensar assim não acarreta nenhum problema em si. É ótimo duas pessoas que se amam tanto quererem construir algo mais sólido, como um casamento ou até uma casa. Querem expandir esse amor, gerando outra vida. O problema começa a existir quando se foge de encarar as dificuldades. Quando se troca o amor por algo apenas associado a ele. Quando o casal firma um pacto de sobrevivência, algo como "agora que já chegamos até aqui está muito tarde para recomeçar", o amor não tem mais nenhuma chance.

E quando se decide ficar junto mesmo sem amor, ou vivendo um amor de mentira, a confusão está instalada!

## ♡ Propriedade privada: não entre

Bom, você já sabe que quando você está amando sente-se vivo, radiante. O que talvez não saiba, ou não queira admitir, é que nesse estado transbordante de energia é muito natural sentir-se atraído também por outras pessoas, e elas por você. É o que se chama de choques de energia.

Isso pode se tornar muito forte, a ponto de você questionar seu amor. Aí, por mais contraditório que pareça, só assumindo essa atração você poderá salvar o amor. Não significa que você deva, necessariamente, transar com aqueles por quem se sente atraído ou atraída. Mas não pode negar essa atração, senão estará bloqueando o amor, e isso vai se refletir na sua relação.

Muitas vezes você se comporta como se tivesse várias torneiras que pudesse abrir ou fechar: "Eu fecho aqui para o João, aqui para a Maria, ali para a Francisca, e mantenho aberta só para o Antônio". Esse é um grave equívoco, uma vez que a torneira da energia é uma só. Você não pode interromper seu fluxo para uns e abrir para outros. Veja o exemplo a seguir:

*"Eu estava num relacionamento com alguém que amava muito. Eu me senti atraída por outra pessoa, mas jamais me passava pela cabeça assumir esse sentimento. Menti para mim mesma. Reprimi o sentimento e isso refletiu diretamente na minha relação. Meu terapeuta dizia: 'Você se reprime com esse cara, vai se reprimir com seu namorado também. A torneira é a mesma'. Experimentei viver um romance com essa pessoa,*

*mas não fui até o fim. Fiquei com medo de perder a segurança, o certo, aquilo que eu já conhecia. Deixei de viver uma história de amor, naquele momento, por medo".*

É claro que estamos diante de um dilema, mas uma coisa é certa: a repressão de sentimentos como esse costuma causar a destruição de muitos amores que tinham chance de dar certo. O que antes era uma maravilha, uma excitação, acaba ficando enfadonho e triste, porque a torneira da energia foi fechada. E tudo por querermos nos manter fiéis ao nosso par amoroso.

Não estou dizendo que a fidelidade não existe. Quando se está amando profundamente, a gente só quer saber do toque da pessoa amada, só quer para si aquela energia. Mas essa é uma fidelidade que brota naturalmente do seu crescimento como pessoa, e não da repressão de seus impulsos e instintos. Nada garante que o desejo de ser fiel vá durar para sempre.

Como podemos perceber quando estamos entrando nessa fria? Quais são os sinais básicos?

Quando você corta a possibilidade de exercer ou sentir atração fora do relacionamento, tem início um processo de perda da sensualidade. Para atender às expectativas inconscientes do outro, você pode passar a se vestir mal, a engordar, a não se cuidar direito.

Seu parceiro, por sua vez, para não atrair outras pessoas, acaba adotando uma atitude que o leva a não ser atrativo também para você. Já não é aquela pessoa cheia de vida por quem você se apaixonou. Já não existe criatividade na relação, o sexo já não possui aquele fogo, não há mais espaço para o inusitado. Isso porque grande parte da energia dos dois está sendo reprimida em nome de um pacto de fidelidade que não é natural.

*"Eu estava num relacionamento com alguém que amava, éramos muito ligados e tínhamos planos bem legais. De repente me senti atraída por outra pessoa, mas jamais passava pela minha cabeça assumir isso. Menti para mim mesma, pois não sabia como lidar com aquela situação. Reprimi o sentimento, mas isso acabou se refletindo na minha relação amorosa. Fiquei completamente congelada."*

Se o caso acima fez você lembrar da sua relação, ótimo: é o primeiro passo para começar a mudar. Não existe, no entanto, uma fórmula de comportamentos ideais nem um manual de instruções a ser seguido.

Tudo vai depender dos limites, dos sentimentos e das escolhas de cada um. Mas uma coisa é certa: sempre que dizemos que aquela pessoa é nossa propriedade, o amor começa a morrer.

A instituição do casamento tem feito isso, é uma tentativa de dar segurança ao casal, como se a certidão fosse um certificado de propriedade. Reich já dizia que "o amor conjugal nada tem a ver com a certidão de casamento. O amor conjugal desenvolve-se com simplicidade. Não existe esforço".

Forçar a barra no quesito fidelidade tem causado grande dano aos relacionamentos, pois o amor nunca foi posse. O amor é liberdade.

## Comigo ninguém pode

Esse tipo de comportamento acontece quando um dos parceiros tenta deixar o outro em segundo plano, sempre abaixo de si. O outro, por sua vez, entrega todo o seu poder, omitindo-se, submetendo-se, tudo pelo "bem" da relação.

Nesse momento você pode ter ficado surpreso, pensando: "Eu amo meu parceiro, nossa relação não tem dessas baixarias!" E eu lhe digo: será que não? Vamos olhar bem de perto, pois algumas vezes os jogos de poder são fáceis de enxergar. Outras vezes, eles se dão de maneira muito sutil:

*"A ausência do meu pai e sua hostilidade fizeram com que eu passasse a vida toda me defendendo ou atacando os homens, mas na verdade o que sempre quis foi o amor deles. Eu tinha uma necessidade profunda de aprovação masculina e muita dificuldade de me entregar em uma relação. Mantinha um jogo de poder constante e não relaxava nunca. Como eu negava minha carência, não conseguia enxergar o que precisava. Estava sempre pronta para cair fora de qualquer relacionamento, afinal 'eu não precisava' dos homens. Era uma falsa arrogância, um falso poder".*

É fácil perceber os jogos de poder nas relações a sua volta; o difícil é perceber quando se trata de você. Quer um exemplo?

Quando você sempre se julga melhor que sua parceira, sempre é aquele que sabe, o que realiza tudo de maneira mais eficiente, acaba exercendo o papel de pai (ou de mãe, se for mulher), e não de companheiro. E ela, ao permitir isso, vai perdendo a capacidade de realizar as coisas por si mesma e, aos poucos, pára até de pensar. Para que se esforçar se é mais fácil deixar que você se encarregue de tudo, tome todas as decisões?

Isso me lembra uma historinha. Certa vez, um homem feriu a perna e precisou usar muletas. Como elas lhe eram muito úteis, ele ensinou toda a sua família a usá-las também. Aos poucos, todos passaram a querer muletas. E havia algumas lindas, feitas de marfim, enfeitadas com ouro e assim por diante. Escolas foram abertas para treinar o povo a usar muletas. Cátedras de universidades receberam doações para tratar dos aspectos mais elevados daquela nova ciência...

No meio daquela fixação por muletas, umas poucas pessoas – muito poucas – começaram a andar sem elas, o que foi considerado escandaloso, um verdadeiro absurdo! Muitas delas replicaram, tentando mostrar que as muletas deveriam ser usadas apenas quando necessárias – mas não foram ouvidas. Ao contrário, foram punidas.

A fim de superar os preconceitos, algumas dessas pessoas que se achavam capazes de andar sem as muletas começaram a se comportar de forma totalmente diferente das demais. Ainda assim, permaneceram uma minoria.

Quando foi descoberto que, tendo usado muletas por tantas gerações, poucas pessoas, de fato, podiam andar sem elas, a maioria considerou "provado" que elas eram necessárias.

– Aqui está um homem – disseram. – Tentem fazê-lo andar sem muletas.

Era inútil. O homem caía.

– Vêem? Ele não consegue!

– Mas nós estamos andando sem muletas – lembraram os que andavam normalmente.

– Isso não é verdade, não passa de uma fantasia de vocês – disseram os aleijados, que a essa altura estavam também ficando cegos – cegos porque não podiam ver.

Pois é, de tanto usar muletas, a gente esquece como andar. Assim acontece também nos relacionamentos. Aos poucos, a pessoa vai se moldando, tornando-se incapaz e ao mesmo tempo ressentida. Afinal, o outro é melhor que ela. Logo isso se transfere para o nível emocional da relação. Aquele que está na posição inferior não se sente à altura do parceiro e, aos poucos, começa a sabotar e a querer derrubar o outro.

Por outro lado, aquele que está acima se permite um monte de grosserias, porque acredita que a outra pessoa não é capaz de viver sem ele. Ao mesmo tempo, no entanto, sente-se explorado, o que o remete à relação com os pais. Ele passa a regredir perante o outro.

De repente, aquele machão, que manda e domina, vê sua mulher se apaixonar por outro e vira um bebê desesperado e dependente. Faz qualquer coisa, até se humilha, na tentativa de agradar à parceira e de recuperar a relação.

Aí ela, que estava ressentida, aproveita a situação para se vingar. De uma hora para outra se transforma numa pessoa livre, sensível, moderna, extrovertida, criando um grande abismo entre os dois e o começo do rompimento.

Depois de um tempo, quando cai na real, percebe que não estava amando ninguém, apenas reagindo à posição anterior de inferioridade. Mas aí o amor se foi. Veja a história a seguir:

> *"Eu estava num relacionamento há três anos e sempre falava para o meu namorado que o amava muito, que ele era o amor da minha vida. Ele dizia as mesmas coisas, que não podíamos viver um sem o outro e tudo mais. Nós já estávamos em uma relação miserável, mas continuávamos juntos e nos machucando muito. Um dia, descobri que ele tinha saído com outra pessoa. Fiquei muito puta, mas não queria me separar de jeito nenhum. Demos um tempo, só que eu corria atrás dele. Assim que voltamos, saí com outro e ele ficou sabendo. Terminamos. Hoje vejo que só voltei porque queria me vingar".*

Provavelmente, você conhece muitos casais que viraram inimigos dessa maneira. Uma coisa é certa, *brother*: esse negócio de querer ser mais que o outro para se sentir seguro só vai lhe afastar do amor. É tão bonito que os dois tenham o mesmo poder, é tão mais humano. Esse é um grande passo para a maturidade.

Todas as manipulações nos relacionamentos não passam de tentativas de criar papéis que, de alguma maneira, tragam segurança – aquela que é boa só para as prisões. O equilíbrio entre os parceiros, ou seja, um relacionamento em que um não queira ser mais "poderoso" que o outro, traz justamente o oposto: a possibilidade de o inusitado acontecer.

Quando não há jogos de poder, a qualquer momento os dois têm opções diferentes. Não há garantias de que o seu amado a amará amanhã do mesmo jeito que a ama hoje, e nem você pode oferecer garantia alguma a ele. Nesse ambiente de insegurança, no sentido positivo, o amor tem tudo para continuar crescendo.

Essa "insegurança" faz com que fiquemos mais perceptivos, com mais disponibilidade para criar coisas novas. E isso é bom para a relação, pois o amor é um rio que flui e se renova constantemente. Não tente transformar seu amor numa lagoa estagnada.

Aceite que uma das maiores belezas do amor é que você não tem como saber o que acontecerá no próximo momento. A necessidade de segurança é um sentimento infantil, pois quem precisa disso é a criança, que é frágil, vulnerável.

A segurança nos relacionamentos entre adultos só tem destruído o amor, pois ela leva a energia embora. Para amar de verdade, pra valer, os desafios são fundamentais.

## Papai me empresta o carro

O dinheiro também tem muito a ver com poder: quem ganha o dinheiro, quem gasta o dinheiro, quem manda no dinheiro... É muito fácil o casal entrar num jogo de manipulação envolvendo grana, e também é muito tênue a diferença entre o ajudar e o manipular. Em geral, quem tem o poder econômico manipula mais claramente. É mais fácil perceber. Quem domina a questão do dinheiro pode usar isso para criar no outro uma dependência, uma subjugação.

O assunto é complexo, porque toda a relação pais/filhos está em jogo aqui. Provendo o outro de dinheiro, você está sendo "bondoso", mas espera um retorno dessa atitude. Espera que por causa disso o outro ame você. Lembra algo da adolescência: "Eu pago suas contas, você tem que me respeitar por causa disso..." Será que você não está tentando repetir isso com seu parceiro?

Quem é manipulado financeiramente também detém um poder, embora mais sutil e mais difícil de ser percebido. A pessoa está sempre na posição de vítima, daquela que não é capaz. E joga para fazer o outro sentir que ele não está lhe dando suporte suficiente para realizar seus projetos.

Você pode optar por ficar sempre nessa posição manipuladora. Pode, de maneira inconsciente, se tornar incompetente em seu trabalho só para continuar sendo eternamente sustentado pelo outro.

Atendi várias pessoas com esse perfil manipulador, em especial o de comprar o parceiro. Primeiro, você esconde dos amigos que está sempre pagando o jantar. Aí, o outro faz papel de coitado, do que nunca teve uma oportunidade, do que viveu uma infância pobre e sofrida.

E aí você vai emprestando um dinheirinho para um projeto, quebrando o galho naquela prestação, dando uma ajuda aqui, ali. E o outro, quando recebe, fica feliz, e naquela noite vocês transam maravilhosamente. E a questão vai se prolongando... Veja como foi dramático o caso de uma cliente minha:

> *"Depois de três meses, a gente começou a atravessar vários conflitos, entre os quais um muito forte: ele diversas vezes ficou sem dinheiro. Eu achava que era uma fase, mas a situação foi a tal ponto que eu comprava até comida para ele. Depois de algum tempo agindo assim, nós dois ficamos muito mal e deprimidos. Um dia, meu terapeuta me falou umas palavras que se transformaram em luz para minha vida: 'Se você ama, sua energia se expande, você fica criativo, amoroso e aberto!' Então me dei conta de que eu acreditava num amor de um ano atrás. Consegui terminar quando comecei a trocar experiências com meus amigos, me sentir preenchida de outras formas, meditar. Talvez eu estivesse até hoje*

*tentando ajeitar a vida dele para me sentir importante, esquecendo do nosso amor e da minha própria vida".*

Acho bom que o casal se ajude financeiramente, mas que mantenha uma situação econômica separada, ou seja, que cada um tenha como se sustentar por conta própria no caso de uma separação. Isso dá uma sensação de independência incrível! Além disso, quer prova maior de que você está com a pessoa porque a ama, e não porque precisa dela para pagar suas contas?

Com uma atitude clara dos parceiros, cada um pode aprender a dar seus próprios passos na vida. Essa independência é fundamental para que o amor possa crescer.

Claro que nem sempre é tão simples. Há mulheres que abandonaram ou descuidaram da profissão para criar os filhos. E agora, filhos criados, o que fazer da vida? Há marido e mulher que sempre trabalharam e colocaram dinheiro na casa, e mesmo assim a manipulação persiste, na maioria das vezes por machismo ("Se sou homem, meu ponto de vista é mais importante que o seu").

As situações são inúmeras, e quem sou eu para contemplar todas elas?... Uma coisa, porém, é certa: quanto mais o ego de cada um se impõe no relacionamento, menor a chance de esse relacionamento ser bem-sucedido. Porque o amor é generoso, nunca manda a conta no final. E também não se acomoda.

## Só vou se for com você...

Sabe aquela situação na qual você simplesmente desiste de tudo e só aquela pessoa importa? O outro se torna sua referência de vida, de inspiração, de confiança, de sabedoria. O tempo inteiro sua energia está voltada somente para ele.

Pois é, isso é muito ruim para o amor. Quer ver?

*"Comecei um namoro porque a pessoa queria muito ficar comigo, insistiu, dava em cima. Resolvi ceder e acabei me apaixonando. Acredito que toda minha carência veio à tona e acabei sufocando-o, fiquei pegajosa. Ele percebeu e começou a se retirar."*

Com você pode estar acontecendo algo parecido, mas nem sempre é fácil perceber. Ou admitir. Se você está num grupo de amigos, por exemplo, e tudo se torna chato, pois só é legal estar com aquela pessoa, temos aí um problema. É como se você respirasse o parceiro. Tudo o que sonha, tudo o que vê, está voltado para ele. Isso é mau, muito mau...

Chega um momento em que você não consegue existir sem seu companheiro. Você vai ao teatro para poder comentar a peça com ele, só vai a um show se ele também for, nenhum programa lhe agrada se ele não estiver incluído. Como se vocês tivessem que gostar das mesmas coisas, ter as mesmas idéias, concordar o tempo inteiro.

Você pode achar que estou exagerando, mas é comum as pessoas me procurarem com problemas desse tipo. A partir daí, o relacionamento começa a ser uma simbiose, pois um tem que abandonar sua individualidade para assumir a identidade do outro, o que impossibilita qualquer troca e diversidade.

Quando isso acontece num relacionamento, a possibilidade de os parceiros crescerem juntos acaba. O outro começa a se tornar um anexo da gente, e a gostosura de estar junto se perde.

E o pior de tudo é que você nem percebe, já não consegue enxergar a vida sem o outro. Esse é o mais alto grau de escravidão afetiva. A relação vai empobrecendo cada vez mais porque você não tem opção.

*"O simples fato de ele ter alguma outra coisa para fazer que não fosse estar comigo me deixava muito insegura. Virava uma criança chorona implorando atenção. Quanto mais insegura eu ficava, mais mendigava, e mais me cobrava uma atitude diferente, que não conseguia ter. Eu tinha idealizado um grande amor, e agora estava vivendo um inferno."*

Um inferno, é isso que a vida da gente vira. E o pior é que, quando esse pacto se quebrar, você se sentirá extremamente explorado, e aí o amor pode se transformar num grande ódio. Ódio por você não ter tido escolha. É muito diferente quando você tem diante de si várias possibilidades, mas escolhe estar com o parceiro porque seu coração quer. Isso fortalece o amor, torna-o mais profundo.

Mas, quando você se encontra numa situação de escravidão, a mente vai condicionando seus gostos, seus valores, e você se engana. Acredita que está escolhendo os melhores caminhos, enquanto está apenas sendo arrastado pela correnteza. É como se vivesse drogado pela necessidade emocional. Isso vai gerando uma sensação de sufocamento – seu mundo fica muito pequeno, e você já não sabe o que é individualidade.

É muito importante compreender que cada pessoa é única em muitos aspectos. Cada um de nós teve uma educação diferente, viveu em um ambiente diferente, explorou o mundo de forma diferente. Ainda bem que é assim!

Alguns têm necessidade de usar mais o corpo, outros de ler mais. Um precisa de mais atividade, outro de uma coisa mais zen. Um tem necessidade de um maior desenvolvimento intelectual; outro, de mais vivências emocionais.

Essas diferenças precisam ser respeitadas, pois é justamente a diversidade que traz crescimento pessoal. E, quanto maior o crescimento, maior a possibilidade de troca.

## É muita areia para o meu caminhãozinho

Quantas vezes, quando estava rolando aquela história de amor tão desejada, você se pegou pensando: "É demais pra mim", ou "Está tudo tão bom, deve haver alguma coisa errada", ou "Quando a esmola é demais..." E, assim como o santo, você começou a desconfiar...

Geralmente, as pessoas não querem amar por temerem a dor. Não há como ser diferente, já que o amor mexe em coisas profundas dentro de nós. Descobrir certos aspectos nossos, revolver certos sentimentos e lembranças pode mesmo causar dor. Quando isso acontecer, em vez de tentar evitá-la, experimente chorar. Em momentos de muito amor, lágrimas são sempre bem-vindas.

Outro velho e conhecido jogo é: "Eu não posso", "Não consigo", "Não é minha hora". Sempre com uma ou outra justificativa para reconhecer que você não é capaz. Confesse para si mesmo: em quantos momentos da vida você se recusou a assumir responsabilidades, preferindo dar um tempo para continuar se comportando de maneira infantil?

> *"Estive num relacionamento por três anos. Nós nos conhecemos num tratamento para recuperação de drogados, acabamos nos casando e indo morar no país dele. Um dia, perguntei se ele tinha voltado a usar drogas e ele confirmou. Eu me desesperei, senti vergonha e não tive coragem de contar para ninguém. Eu estava apaixonada, queria ficar com ele. Passei dois anos mentindo para todos os meus amigos sobre o que estava acontecendo. Queria evitar qualquer tipo de confronto e, ao mesmo tempo, alimentava a ilusão de que um dia tudo ia melhorar. Desde o início eu sabia que tinha que me separar, mas continuava mentindo para mim mesma."*

Lembra quando seus pais percebiam que as coisas não estavam bem entre eles, porém não faziam nada para mudar a situação? Talvez eles nunca tenham tido coragem de encarar as próprias dores, com medo de precisar enfrentar uma mudança de vida. Mas você é você, não precisa ficar repetindo o comportamento de seus pais.

Então, abandone essas justificativas de "Eu não consigo", "Para mim não dá", "Tenho que ir mais devagar"... É tudo desculpa para você ficar onde está. Todos nós temos as mesmas capacidades: trata-se de querer correr o risco, trata-se de querer crescer. No momento em que você enxerga suas dificuldades, adquire força para vencê-las.

Quando vier a sensação de que o outro é muito para você, ou de que você não é capaz, desconfie um pouco, observe o que está por trás disso. Do que você está com medo? O que realmente está querendo evitar?

## Sou fera ferida

Sentir ciúme é uma coisa, agir com base no ciúme é outra. Muitas vezes, ao reprimirmos o ciúme, quase automaticamente começamos a ter atitudes no sentido de cercear a outra pessoa, de podá-la.

Queremos, na verdade, impedir a possibilidade de haver qualquer situação que nos faça sentir ciúme. Nem que para isso o ser amado seja impedido de ter contato com outras pessoas. Nem que precise ficar preso numa torre.

Essa atitude, muitas vezes, é considerada natural, até mesmo um direito. Mas, na realidade, é um ato de profunda falta de confiança no amor, um verdadeiro desrespeito. No momento em que a relação acabar, a outra pessoa se sentirá extremamente só e inadequada no mundo. Poderá até entrar numa depressão profunda.

Você acha que fazer isso com o outro é amar?

Quanto mais carentes e inseguros estamos, mais ciumentos ficamos. Ao passo que, se nos sentimos preenchidos e realizados, somos amorosos, não enxergamos fantasmas em nenhum movimento de nosso parceiro.

No fundo, o ciúme remete a uma questão: "Eu não sou suficiente", "Os outros são melhores do que eu". Sempre que sentimos ciúme, estamos nos comparando sem levar em conta que cada ser é único, que cada ser tem possibilidades próprias.

Muitas vezes, existe ciúme de uma situação real. Isso é inevitável e faz parte do crescimento, faz parte do sentir. O caso a seguir trata de uma situação real de traição:

*"Havia um colega de trabalho de quem minha namorada estava a fim. Eu já desconfiava há algum tempo, mas ela negava. Eu já estava ficando maluco, nem trabalhava direito. Meu pai tinha um binóculo, peguei-o emprestado. Fui espioná-la. Foi aí que a vi beijando o cara. Pirei, fiquei muito agitado. Não agüentei, fui lá e dei um tapa na cara dela. Voltei para meu trabalho e vi a grande burrada que eu tinha feito".*

Embora real, o ciúme, no entanto, não precisa ser insano. É sempre bom dar um tempo, respirar fundo antes de tomar qualquer atitude, para não haver arrependimento depois.

Uma coisa diferente é o ciúme irreal – em tudo você vê traição, acha que o parceiro vive fazendo sexo com outras pessoas. Veja que triste esta história:

*"Numa festa, quando vi que a roupa da minha namorada estava praticamente mostrando a calcinha, tive uma explosão e só faltei agredi-la. Ela só chorava, e, quanto mais ela chorava, mais eu sentia prazer em gritar. Lembro que ela sempre evitava falar com os homens que conhecia*

*só para eu não ficar com ciúme. Ela fugia do conflito e eu ficava cego, totalmente dominado pela raiva. Após alguns meses, ela aceitava tudo e não bancava suas opiniões. Comecei a ficar infeliz, tive uma relação paralela e terminei o namoro".*

O ciúme irreal é uma neurose muito forte, uma paranóia. Você precisa aprender a lidar com seus sentimentos, tem que checar se o seu ciúme é real ou não. Às vezes é real: aí você terá que senti-lo, não tem saída.

Há ainda o jogo de provocar ciúme no outro para receber atenção. É uma forma triste de atenção, baseada nas insuficiências do parceiro.

Muitas vezes esse jogo funciona, pois a relação pode estar tão segura que o ciúme acaba levando a pessoa a conectar-se com o risco de perder o parceiro. Numa situação dessas, mesmo que de maneira artificial e triste, cria-se um novo movimento na relação.

Mas a verdade é uma só: ciúme não é parâmetro de amor. Ele não serve para medir nada, e é falso pensar que, "Quanto maior o meu ciúme, maior o meu amor".

Seria bom crescer e alcançar o estágio de não sentir mais ciúme. Homem e mulher, porém, são dois seres com energias diferentes, um vai sempre tentar dominar o outro.

Você também pode dizer: "Eu não tenho ciúme". Se você chegar a um nível desses, maravilhoso. Mas essa, na maioria das vezes, não é a realidade. Para evitar o ciúme, você precisa se desconectar do sentimento, bloqueá-lo.

No entanto, cuidado: se eu me fecho para o ciúme que sinto, também me fecho para o amor. Esse é o perigo! Ausência de ciúme não é, necessariamente, sinal de desapego. Além disso, sempre que você reprime um sentimento dito negativo, como o ciúme, também está cortando o fluxo do seu oposto.

Por exemplo, quando você está com raiva de alguma coisa que seu namorado ou namorada fez e não expressa esse sentimento, como vai conseguir amá-lo e ser carinhoso logo depois? Lembre-se: as emoções nunca estão desvinculadas umas das outras.

Depois de tudo que vimos, percebemos que são corajosos os que se arriscam. Expõem-se, saem de suas tocas e amam pra valer. Mesmo com todos os perigos, preferem amar. Enfrentam todas as dificuldades que fazem parte de um relacionamento. Sabem que o pior problema é aquele que é varrido para debaixo do tapete.

E se tudo fosse apenas uma linha reta? Já imaginou? Tudo dando certo... Experimente, faça essa viagem. Eu já fiz várias vezes. De repente, a vida parece que vira uma flor de plástico. A propósito, isso me lembra mais uma historinha contada por Osho:

"Certa vez conheci um homem, um velho professor aposentado, meu vizinho. As pessoas o consideravam um pouco doido, afinal, um professor de filosofia aposentado não pode mesmo ser muito normal... Mas, como não faço julgamentos, eu ouvia as pessoas mas não pensava nada a respeito dele.

"Até que um dia fui obrigado a pensar, porque o vi regando o jardim com um regador sem fundo. Não havia água, e ele se movimentava como se estivesse molhando as plantas. Assustado, perguntei:

"– Ei, o que está fazendo? O seu regador não tem fundo!

Ele respondeu:

"– Isso eu sei, mas não faz mal, porque estas flores são artificiais.

"A vida pode se tornar artificial, cheia de flores de plástico. À distância elas parecem belas, mas quando você chega perto... É claro que as flores de plástico têm a vantagem de não morrer logo. Aliás, não podiam morrer, já que eram de plástico. Mas uma coisa que não pode morrer não está viva.

"Uma flor real tem que passar por milhões de riscos. Como é humilde! De manhã lá está ela, como é frágil – e contrária a todo esse mundo. Vem a tempestade, vêm as nuvens, a chuva, os animais, as crianças... Apesar de tudo isso, a frágil flor resiste – essa é a sua beleza. E à noite já não existe mais.

"Você não a encontrará outra vez, ela não estará mais ali – mas está viva. De manhã, ela existe em toda sua beleza, e à noite empalidece, vai embora, volta ao pó – mas viveu! A sua flor de plástico está morta e por isso não pode morrer. Tudo o que é vivo morrerá, só as coisas mortas nunca morrem".

Assim também é o amor: ele tem seus perigos, seus riscos. Mas é fundamental para não estagnarmos na vida. Amar é a grande viagem, o grande barato dessa existência. É nossa grande possibilidade de troca, um passo essencial para nos tornarmos mais humanos.

# 4

# Por que as pessoas não dizem a verdade?

*Sexo verbal não faz meu estilo*
*Palavras são erros, e os erros são seus*
*Não quero lembrar que eu erro também*
*Um dia pretendo tentar descobrir*
*Por que é mais forte quem sabe mentir*
*Não quero lembrar que eu minto também*
*Eu sei...*

(Renato Russo, *Eu sei*)

Quero agora me aprofundar num tema da maior importância, pois está na base de todos os problemas vivenciados num relacionamento: o que leva as pessoas a não serem verdadeiras em suas relações amorosas?

Desde crianças aprendemos que o relacionamento, para ser bem-sucedido, deve ser duradouro. A maioria dos casamentos de até vinte, trinta anos atrás ainda era assim: os casais tentavam manter o casamento a qualquer custo, independentemente do que estavam sentindo. Como para eles uma separação significaria um fracasso, o que faziam? Muitas vezes, transferiam todas as suas frustrações para nós. Outras vezes, usaram a nós, os filhos, como desculpa para manter a relação.

A profundidade do amor era medida em dias, meses e anos – não em qualidade, prazer, amizade nem preenchimento. Mas será que apenas nossos pais fizeram isso? Ou também estamos reproduzindo em nossa vida esse conceito? Quantas vezes você disse "Que pena, não deu certo" apenas porque uma relação durou um ano ou dois? Se acreditarmos nisso, vamos fazer de tudo para que a relação nunca termine, pois seu final será visto como um fracasso.

No entanto, a própria existência do amor já é uma vitória, independentemente do tempo que dure. O mestre Osho já dizia: "Eu prefiro o amor à inexistência dele".

Acontece que o amor é um mistério: não podemos determinar o momento em que ele começa nem o momento em que termina. Gostaríamos que nunca fosse embora, mas freqüentemente, se avaliarmos com sinceridade, perceberemos que ele não está mais lá. Essa é uma realidade muitas vezes difícil de aceitar. Então, para fazerem a relação durar, as pessoas utilizam estratégias. As duas principais são:

1) A *negação* – Não vemos que o relacionamento mudou, ou não admitimos, e fazemos de conta que tudo continua como antes.
2) A *representação* – Por falta de confiança no amor, achamos que, para manter a relação, devemos nos conduzir de uma maneira ou de outra, senão não seremos amados. Então, representamos um papel.

Negando a realidade e procurando ser o que não somos, vamos abrindo mão da nossa verdade, criando um castelo de ilusões e mentirinhas, frágil como os castelos de areia. São pequenas mentiras ou omissões que, isoladas, parecem inofensivas. Quando somadas, no entanto, vão criando uma relação falsa e superficial.

Quando você fica sendo o que não é, tentando se mostrar outra pessoa, passa a se relacionar através de uma imagem fabricada. Uma máscara que você coloca para esconder a realidade do seu ser. Mas o amor só acontece entre seres vivos reais, entre pessoas que se expõem umas para as outras, que se mostram como realmente são. Não é o que aconteceu no exemplo a seguir:

> *"Enquanto eu estava focada em mim, não me preocupava em agradar, em fazer as coisas para ele. Eu era autêntica, e ele se encantou comigo. Quando me apaixonei, regredi, fiquei insegura, tinha que fazer alguma coisa para que ele gostasse de mim, não bastava ser quem eu era".*

Agora, imagine se você usar uma máscara e o outro também: nunca chegarão a se encontrar de fato. Se você está partilhando o que não é verdade, o amor morrerá ou nem chegará a acontecer.

Você pode estar lendo isso e pensando: "Eu sempre sou autêntico nos meus sentimentos". Mas, olhando mais fundo, perceberá que, em algum momento, como todos nós, você também se utilizou de truques para esconder quem realmente é ou o que está sentindo. E isso não é uma vergonha. É normal, porque somos humanos. Todos mentimos ou omitimos alguma coisa para "proteger" o relacionamento. E, na maioria das vezes, nem ao menos nos damos conta disso.

É fundamental entender esses mecanismos para poder lidar com eles de forma consciente. Porque, por trás dessas mentiras e omissões, se escondem os medos e as dificuldades, as repressões e os jogos.

## Por medo de ser rejeitado

Você já viu isso muitas vezes, tanto nos outros quanto em você. Muitas pessoas se acham insuficientes ou indignas de ser amadas.

De uma forma ou de outra, todos trazemos marcas por não ter recebido todo o amor de que precisávamos quando éramos crianças. Isso se reflete em nosso modo de sentir e de agir nos relacionamentos.

Lá no fundo, a pessoa não acha que é legal, pensa que nunca será boa o bastante para os outros. Isso porque, desde cedo, se sentiu insuficiente para os pais. Não foi validada por eles, sentiu-se pouco amada e carrega isso pela vida afora.

"Um fator importante que mantém as pessoas fechadas na solidão é a convicção de que o seu verdadeiro eu, o eu interior, o eu que está escondido dos outros, não pode ser amado por ninguém. É facílimo encontrar a origem desse sentimento. Os sentimentos espontâneos de uma criança, as suas atitudes reais, foram tantas vezes desaprovados pelos pais e por outros que ela acaba por introjetar essas mesmas atitudes e sentir que as suas reações espontâneas e o seu verdadeiro eu constituem uma pessoa que ninguém pode amar", explica Carl Rogers.

É triste, mas a pessoa aprende a mentir desde bem pequena. Esconde seus desejos porque acha que os pais não iam gostar se ela revelasse suas reais necessidades. Procura agradar-lhes de todas as formas, para que eles lhe dêem ao menos um pouco de amor e aprovação. Aí, no relacionamento, ela acaba repetindo a mesma coisa. Por quê? Porque internamente ainda é uma criança querendo ser amada, não importa a que custo.

Lembro que, quando estava me separando da minha primeira mulher, me sentia muito rejeitado e isso me deixava furioso. Muitas vezes, durante o processo, discuti feio com minha ex-companheira. Em várias coisas eu sentia que tinha razão. Mas, no final das discussões, sempre acabava pedindo desculpas, e isso me deixava muito mal.

Um dia, fazendo um trabalho de bioenergética, em determinado momento explodiu um choro muito forte. Depois de muito chorar, veio bastante nítida em minha mente uma cena da infância. Vou compartilhá-la com vocês.

Minha mãe lavava roupas no tanque, e eu, a uns 4 ou 5 metros de distância, queria a atenção dela. Mas tinha muito medo de incomodá-la, pois muitas vezes, quando explodia, ela repetia que largaria tudo e iria embora, o que me deixava em pânico.

Naquele momento, eu queria que ela me olhasse, percebesse que eu estava ali olhando para ela, curtindo sua força... Então, bem devagarzinho, eu me colocava no caminho por onde ela passava para estender a roupa. Ela vinha, me empurrava com o pé para o lado e dizia:

– Saia, não me incomode!

Mas eu precisava tanto da atenção de minha mãe que não sosseguei. Peguei o vidro onde ela guardava os prendedores de roupa e fiquei brincando com eles. Ela continuava a lavar roupa e a me ignorar. Eu tentava fazer barulho com o vidro, deixando-o cair no chão. Mas, quando ele estava para tocar o piso, eu, com muito medo de que se quebrasse, rapidamente colocava a mão embaixo para impedir.

Repeti isso cinco ou seis vezes, e sempre, na hora em que ia tocar o chão, eu colocava minha mãozinha. Na minha cabeça, se eu quebrasse aquele vidro, ela iria embora para sempre.

Imediatamente associei essa lembrança à atitude que eu estava tendo com minha ex-mulher. Se eu levasse a discussão até o fim, ela nunca mais me daria bola. E o que eu faria com minha necessidade de amor?

O medo de ser rejeitado faz com que, independentemente do que o outro faça, você se sinta rejeitado, porque *já está* se sentindo sozinho. Quando você começar a mentir porque está com medo de ser rejeitado, lembre-se: você *já está* se sentindo só, você *já está* se sentindo não amado.

Não revelar seus sentimentos já é uma forma de não ser verdadeiro. Você pode achar que não há nenhuma mentira nisso, uma vez que não está dizendo nada que não seja verdade. Não está dizendo mas está deixando as coisas escondidas. E essa é uma das formas que a mentira assume.

Às vezes, além de omitirmos, mentimos, e até criamos cenários para que o outro acredite em nossa mentira. Em alguns casos, você mente a respeito da sua vida, inventa coisas que não fez, atos heróicos que nunca existiram, histórias tristes que não viveu. Omite desejos, sentimentos, ou os exagera. Faz um monte de manobras, tornando-se uma pessoa extremamente irreal. Veja só este depoimento:

> *"Um dos momentos em que me senti mais louco foi no meu primeiro casamento, quando minha mulher foi passar uma semana na praia. Eu saí mais cedo do trabalho para me encontrar com uma mulher em sua casa. Estávamos vivendo um clima, mas nunca chegamos a transar. Nesse dia, minha mulher resolver voltar mais cedo e, enquanto viajava, me telefonou. Como ela já estava chegando, saí apressadamente da casa da moça e, em vez de ir direto para casa, passei no clube onde praticava natação. Entrei e saí da piscina só para ficar com cheiro de cloro, pois estava completamente apavorado e me sentindo culpado. Fiz aquela manobra toda para poder chegar em casa e dizer que estava na natação. Contei uma mentira com uma minúscula partícula de realidade, que era o fato de realmente ter passado pela piscina. Nesse dia, olhei para mim mesmo e não acreditei no meu nível de loucura".*

Pois é, a mentira pode até funcionar por algum tempo, mas, na primeira crise ou situação emocional mais forte, tudo despenca. E aí fica evidente que o amor já não estava presente há muito tempo. Na verdade, quando você sente que sua energia baixou, tenta despertar no outro uma energia que você mesmo não tem mais. Inventa histórias para reavivar um amor em crise.

Talvez seja mais fácil você encarar a crise do que ficar fazendo esse monte de manobras. Talvez seja hora de dizer: "Não estou sentindo mais a mesma coisa, o que esta acontecendo?"

Aí, você estará despertando uma energia real no outro, e ela poderá até servir de impulso para que o relacionamento se transforme, ou então acabe. O que não deixa de ser uma forma de transformação.

Outras vezes você é mais sutil. Acomoda-se, evita situações que o obriguem a mentir. Lá no íntimo, no entanto, permanece seu verdadeiro sentimento, que pode ser, por exemplo, a vontade de ir para a praia com os amigos, sem sua parceira. Para suportar a situação de estar mentindo, você se conforma em omitir algum detalhe até de si mesmo, "ajustando" a realidade àquilo que você considera que deveria ser. Você começa a inventar para si mesmo: "A praia não vai ser boa", "A viagem é muito longa", "Vou ficar cansado, melhor não ir mesmo". Ou seja, mente para si mesmo para tornar sua mentira mais verossímil.

Mas, fazendo isso, você necessariamente terá que se esforçar para que a verdade não apareça, nem para você mesmo nem para o outro. Para não se trair, pouco a pouco você começa a evitar qualquer forma de troca emocional. Nesse momento, já está encarnando o papel de rejeitado.

Já não existe aquela troca amorosa com a pessoa, e você fica achando que amor é isso – estar com alguém a seu lado, relacionando-se com sua imagem, e não com sua verdade.

Mas lembre-se: se você está mentindo para evitar ser rejeitado, ao não permitir que o outro lhe conheça como você é, já se autorejeitou antes de começar a se sentir rejeitado.

## Para parecer uma pessoa legal

Nos relacionamentos, criamos fantasias desde o início. Queremos nos mostrar diferentes do que somos, mais interessantes, simpáticos. Fazemos comentários agradáveis, fingimos interesse por coisas para as quais nem damos importância, temos posturas educadíssimas.

O tempo inteiro interpretamos um personagem. Esquecemos que o outro chegou até nós não pelo que aparentávamos ser. Ele se sentiu atraído justamente pela pessoa real que somos. Mas, para convencermos o outro de que somos alguém legal que merece o seu amor, para parecermos melhores – por insegurança, enfim –, criamos personagens e os colocamos no lugar do nosso ser real.

Podemos adotar vários personagens: o intelectual que seduz pela cultura; o compreensivo que sempre entende o que todos sentem; o politicamente correto; o prestativo, que está sempre pronto para ajudar; o bambambã que tudo sabe; o engraçado, que é a alegria de todas as reuniões; o simpático, que está sempre sorrindo, mesmo nas situações mais desconfortáveis...

Podemos também ficar obcecados por nossa aparência física e cairmos no engano de achar que só ela importa. Gastamos uma energia enorme para forçar nosso corpo a se adequar a um padrão de beleza, na ilusão de assim sermos amados. E muitas vezes exigimos o mesmo do parceiro. Mas uma coisa é certa: a questão aqui não é sua imagem, suas medidas, seu peso. Não é seu cabelo bonito, seu rosto arredondado, seus lábios. Essas características não são suficientes para fazer alguém amar você. Elas podem resultar, no máximo, em uma atração física condicionada pelos padrões de beleza cultivados pela sociedade. Como não se referem a um ponto genuíno, também não podem trazer um preenchimento mais profundo. Os padrões de beleza física estão totalmente desvinculados do se sentir bem consigo mesmo.

Só que somos muito mais encorajados a nos relacionar com esse nível estético-superficial do que a penetrar nos mistérios e na energia do outro. Há uma máquina econômica se alimentando da venda da imagem. Quilos de maquiagem, inúmeras cirurgias plásticas, toneladas de anabolizantes são vendidos, numa corrida desesperada por algo que não pode preencher ninguém de forma profunda.

É um constante jogo de perpetuação da mentira da imagem, enquanto o foco deveria estar na realização e na felicidade do ser humano. Acabamos nos esquecendo de como se dá a troca energética autêntica entre duas pessoas. Passa-se a ter tanto medo dessa energia de troca que se começa a criar a imagem do "legal" para fugir do contato. Esse é o primeiro passo para perder seu poder de decisão pessoal e o tesão.

> *"Sempre fui um grande mentiroso nas minhas relações. Prometia um monte de coisas para as minhas parceiras e tentava convencer a mim mesmo que eu era um cara legal. Com o desenrolar das histórias, acabava sofrendo com uma grande divisão dentro de mim. Eu precisava demonstrar, com atitudes, tudo aquilo que eu dizia ou simplesmente sugeria com meu olhar de apaixonado. Muitas vezes, sentia uma profunda aversão em estar com a pessoa e ao mesmo tempo, sendo bastante cruel comigo mesmo, conseguia estampar um sorriso e falar de forma doce."*

A pessoa se esforça para parecer legal por um motivo muito simples: porque quer esconder um lado que condena em si mesmo. O lado onde moram a inveja, o ciúme, a possessividade, a arrogância. Só que você também é isso. Todos temos partes bonitas e partes feias, que tentamos esconder.

"Nossa, Milan, que horror. Eu não tenho esses sentimentos negativos...", você pode estar pensando. E eu responderia: tem, sim, porque ninguém é perfeito. Mais uma vez, insisto: é bom que sejamos essa complexidade, faz parte da riqueza da vida.

De outra forma, formaríamos um exército de serzinhos corretos e perfeitos, e isso não é humano. Pessoas que têm apenas sentimentos nobres são uma grande farsa. O amor verdadeiro só acontece quando se consegue amar o outro na totalidade, tanto o anjo quanto o demônio que habitam cada um de nós.

Pode ser que, sendo verdadeiro, você fique sem alguém por algum tempo. Mas, pelo menos, quando esse alguém aparecer será algo real. Será um encontro que vai mexer com todos os seus sentidos. Quando você fica sozinho por opção, consciente do que quer, acumula uma energia muito grande. No momento em que surge alguém, é como se todo o seu sangue começasse a correr de novo pelas veias, como se através delas a vida recomeçasse a circular.

A partir daí, você pode ter um relacionamento diferenciado, que extrapole a simples necessidade, que jogue você num nível mais profundo de conexão com seu coração. Se não tem conseguido se envolver de uma maneira tão profunda, talvez este seja o momento certo de pensar: "Que energia ando colocando no amor?"

E não se esqueça do meu conselho: seja você. Seja autêntico. Mostre-se para o mundo como você é verdadeiramente: com qualidades, defeitos, carências. sonhos. Não tente ser outro: isso é só uma viagem da sua cabeça.

## Para evitar a dor

Desde o início da nossa existência lutamos para evitar a dor. É uma tentativa natural. O problema é quando, para conseguir isso, usamos estratégias que nos afastam da realidade e comprometem nossa visão.

Quando crianças, precisávamos dessas estratégias, pois a dor poderia ser insuportável para nós. Depois de adultos, precisamos aprender a encarar a dor como parte do crescimento. Existe uma lei muito simples na vida, quer você goste, quer não: quanto maior o amor que você sentir, maior será a dor. Porque o amor sempre vai trazer dor, assim como beleza e êxtase. Não dá para ter apenas uma parte, o pacote é completo.

Quando eu falo da dor que vem com o amor, eu falo de uma dor diferente, como a que sente a criança ao nascer. É uma dor de crescimento. Quando uma semente está se abrindo, por exemplo, ela precisa romper a casca, e isso também dói.

Segundo Osho,

> o amor é uma oportunidade para crescer, mas o crescimento é sempre doloroso porque alguma coisa tem de ser destruída antes que você possa criar alguma coisa. O passado tem de ser destruído antes que um novo futuro nasça. Todo crescimento é como a dor da mãe ao dar à luz um filho. Todo crescimento significa que você está constantemente dando à luz a si mesmo; a cada momento uma criança nasce.

Na época da infância, quando temos que abandonar alguns brinquedos, ou deixar nosso berço, ou largar o seio da mãe, nós sofremos. E isso dói. Mas é uma dor inevitável, porque faz parte do crescimento. É muito diferente daquela dor pegajosa, repetitiva, que vivemos quando, já adultos, reproduzimos nosso padrão de ausências.

Ou seja, porque não conseguimos nos saciar na infância, quando adultos desenvolvemos o comportamento automático de ficar sempre sofrendo por aquelas mesmas coisinhas. Esse padrão surge justamente por tentarmos evitar a dor, e faz com que nos tornemos pessoas chatas e deprimidas. A depressão nada mais é do que a falta de expressão da dor. Muitas vezes, carregamos tantas dores da infância que ao chegarmos na vida adulta nos bloqueamos, entrando em depressão.

Às vezes, na depressão, a pessoa chora o tempo inteiro. Mas ela chora como se fosse um adulto regredido. Isso gera uma dor que vai se auto-alimentando, criando um círculo vicioso, e não um ciclo de crescimento. A pessoa tem crises como se fosse uma criança.

É muito importante que, ao se relacionar, você analise bem suas emoções. Algumas podem ser profundas e reais, enquanto outras podem ser apenas repetição de uma dor sentida na infância. Lembre-se da última vez que esteve apaixonado. Durante o sexo ou quando houve uma entrega profunda, seu peito pode ter doído muito. Você pode até ter sentido vontade de chorar.

Essa dor existe porque você está crescendo, se abrindo, expandindo suas emoções. É como se estivesse rompendo algo dentro de si. Em momentos assim, atinge-se um êxtase muito profundo. A dor aparece porque a energia daquele momento está mexendo com situações do passado. À medida que essa energia vai penetrando em você, vai expulsando aquilo que está ali trancado. Como uma onda, que invade todo o espaço vazio entre as pedras da praia.

Numa relação sexual é comum sentir isso, mas as pessoas bloqueiam. Primeiro, por não entenderem o que está acontecendo. E também por terem medo da reação do parceiro. É uma pena, já que se trata de uma preciosa oportunidade de crescimento. E também de renovação, deixando sair coisas guardadas que nos fazem mal e preenchendo esse vazio com uma nova energia.

O amor é uma força muito mágica, que expulsa do nosso ser todas as impurezas, tudo aquilo que está nos bloqueando. Ao entrar em contato com nossas dores internas, o amor as expulsa, e isso é libertador. Mas dói. E, ao evitarmos a dor, também evitamos o amor.

## Para evitar o conflito

Nós podemos ser flagrados (por nós mesmos!) mentindo em diversas ocasiões sobre questões que vão desde trabalho até tesão, simplesmente para não entrarmos em atrito. Quando adquirimos o hábito de não dizer a verdade, nem percebemos mais o que estamos fazendo. Perdemos o controle e, às vezes, mentimos até para não precisar dizer, por exemplo: "Não estou com vontade de ir com você ao supermercado".

Começamos com grandes mentiras, como na seguinte situação: o casal no barzinho, a mulher dá a maior paquerada no cara da mesa ao lado.

– Meu amor, você está olhando para aquele homem?

– Não, imagine. Eu estava só admirando a gravata dele, que achei bonita.

E logo já estamos mentindo nas coisas mais pequenas e simples, como esta: é a primeira vez que a garota vai à casa do cara. Olhando os CDs, descobre um do Reginaldo Rossi.

– Você gosta dessa música cafona?

– Não, eu só tenho aí porque ganhei num sorteio.

Será que não seria mais simples você dizer:

– Eu adoro o Reginaldo Rossi. Aliás, sou fã de músicas românticas.

Ou, na situação do bar:

– Ah, é que achei aquele homem muito bonito!

Digamos que nas duas cenas os protagonistas sejam você e sua parceira ou seu parceiro. Talvez na cena do barzinho seu parceiro fique com ciúme. Ótimo! Assim você vai perceber, por exemplo, que ele ainda se interessa por você, e isso pode dar uma alavancada na relação.

Mas ele pode sentir dor, e não é gostoso ver o parceiro sofrer. Então, você pode olhar nos olhos dele e dizer:

– Meu amor, eu escolhi estar com você. Só achei aquele homem interessante, mais nada.

E aí vocês terão um momento caloroso, verdadeiro, de contato...

Vamos imaginar outra cena. Você chega em casa e seu marido quer fazer amor, mas você não está com o menor tesão. Para evitar um conflito, você acaba cedendo. Aí sai aquela transa toda atravessada. Você fica mal, seu parceiro se sente mal-amado, o sexo não oferece nenhum prazer...

Você poderia ter evitado tudo isso apenas dizendo:

– Meu amor, não estou com vontade.

Então, ele poderia questionar:

– Será que você não está mais a fim de mim?

E, quem sabe, uma vez instalada essa situação, vocês poderiam conversar a respeito do que está acontecendo. Ou seja, a verdade provocou um conflito saudável, gerou uma oportunidade de vocês reavivarem a relação.

O fato é que todo conflito não vivido acaba gerando efeitos colaterais na relação. E aí, quando os dois poderiam fluir numa relação sexual, um está mal-humorado e o outro travado. Tudo porque ficaram com coisas engasgadas que já poderiam ter sido resolvidas.

Você já percebeu que depois de uma grande discussão as pessoas sentem mais tesão? Isso acontece porque nada ficou no caminho, o que tinha que vir para fora foi colocado por ambos. Assim, o canal ficou livre para o amor. É como se o conflito abrisse um espaço dentro da gente. Depoimentos como este que vem a seguir são bastante comuns:

*"Três da madrugada! Já haviam se passado muitas horas de brigas, gritos, bandalheiras, vai atrás, puxa, desiste, não quero mais... Ele estava furioso e eu não podia acreditar que não me amava mais. Exaustos, fomos dormir um para cada lado. A raiva já tinha dado lugar à tristeza.*

*Meu coração estava apertado, um buraco vazio. Nem lágrimas eu tinha mais... Eis que, alguns minutos depois, tive uma das maiores surpresas da minha vida: ele veio para a minha cama. Estava sensível, machucado, mas com aquele calor que eu tanto queria também. Ele me pediu desculpas e se derreteu ali comigo. Eu tinha todo o amor do mundo para dar a ele. E nos amamos por horas. Experimentei um espaço da minha sexualidade que não conhecia. Não sabia que tinha tanta energia assim! O dia amanheceu e eu sabia que já não era a mesma pessoa".*

Mas atenção: quando se começa a repetir sempre esse padrão, de precisar de um conflito para entrar em sintonia com o parceiro, é preciso ter cuidado! Isso pode acabar desgastando a relação.

Talvez seja necessário um trabalho terapêutico profundo para descobrir o que não anda bem. O amor é um ponto de crescimento e de cura, mas necessita também do crescimento pessoal de cada um para produzir algo de bom.

## Porque preferem mentir para si mesmos

Um dos grandes motivos pelos quais evitamos dizer a verdade ao outro é que fazemos de tudo para não ver nossa própria verdade. Mentimos para o outro porque estamos mentindo para nós mesmos. E mentimos para nós mesmos quando deixamos de ver o outro. Por que deixamos de vê-lo? Para proteger aquilo que não queremos encarar em nós mesmos.

Vamos mais devagar aqui para você entender, pois se trata de um esquema de comportamento bem complexo. Vejamos: para nos relacionarmos, sempre escolhemos alguém com quem nos identificamos, consciente ou inconscientemente. E isso inclui os aspectos positivos e os negativos.

Se algum aspecto negativo começa a imperar, você se incomoda. Não quer olhar para aquele traço do outro porque é também um traço seu. Você sabe que ali tem alguma coisa que não está legal. Portanto, continua não querendo olhar, até o momento em que a situação realmente se complica. É a nossa verdade que começa a gritar.

Ao protegermos o outro, na verdade estamos protegendo a *nós* mesmos. Protegemos no outro aquilo que está associado ao *nosso* crescimento, o qual queremos evitar a qualquer custo. Por quê? Por ser doloroso, por exigir uma tomada de atitude que mude o que não apreciamos em nós mesmos. Preferimos continuar enrolados a assumir uma postura que venha a transformar o que não vai bem.

Continua meio complicado, não é mesmo? Bem, vamos por partes então, para você entender melhor.

Ficamos tão desesperados por ter um grande amor que abrimos mão das nossas verdades, enganando-nos sobre nós mesmos. Para isso, usamos vários truques e nem percebemos o que estamos fazendo. Por exemplo, queremos nos iludir que estamos tendo orgasmos maravilhosos, quando na verdade levamos uma vida sexual medíocre. Mas é difícil encarar essa realidade.

Mentimos para o outro que está tudo bem porque, na verdade, precisamos desesperadamente acreditar nisso. Não é fácil olhar para si mesmo e dizer: "Puxa, meu amor está dançando". Porque aí será preciso fazer alguma coisa, deixar de ser acomodado, e todo movimento gera mudança.

Aí você inventa teorias: "Família unida faz bem para os filhos" ou "De que adianta eu me separar deste homem (*ou desta mulher*), se depois encontrarei outro com os mesmos problemas? Se esse é meu carma..." Mas e o amor, onde fica nessa altura?

Será que seus pais não agiam do mesmo modo? Tente se lembrar. Você pode ter aprendido com eles a se enganar, e agora fica repetindo o que eles fizeram um com o outro. Em geral, nossas dificuldades com dinheiro, sexualidade, educação, são as mesmas que nossos pais enfrentaram. Os mesmos medos, apenas com um verniz diferente. E as desculpas provavelmente também são as mesmas.

Há outras mentiras que contamos a nós mesmos quando desejamos manter uma relação. Por exemplo, mentimos quando caímos na dependência, na comodidade. Agimos como se fôssemos morrer se não estivéssemos mais com aquela pessoa. Mesmo sabendo que a relação não está legal, você continua mendigando a migalha que seu parceiro lhe dá. E assim vai se ferindo, negando a própria verdade.

Sempre que deixamos de olhar para algum ponto importante em nós mesmos – pode ser um traço da personalidade ou um aspecto do relacionamento –, sempre que tentamos fazer de conta que aquilo não existe, estamos mentindo para nós. E isso nos levará a mentir também para nosso parceiro, a fim de sustentarmos toda essa ilusão.

Como reconhecer uma situação dessas? Às vezes, estamos tão acostumados a agir dessa forma que nem nos damos conta. Nessas horas, então, é importante ouvir os amigos. Se eles não comentam nada e você tem dúvida, pergunte! Outras vezes, suas próprias antenas lhe darão o sinal de alerta quando você não estiver seguindo sua verdade.

Encarando a realidade, você terá a oportunidade de se responsabilizar pelas escolhas que fizer – escolhas que podem até não ser a mais fáceis, mas com certeza serão as que mais lhe farão bem.

## Para não correr riscos

Para não nos arriscarmos a entrar em choque com o parceiro, mentimos sobre fidelidade, ciúme, política, tesão, sobre o sistema educacional, tudo! E, na maior parte das vezes, mal nos damos conta disso.

Em geral, você mente ao afirmar que não tem a menor vontade de estar com outras pessoas. Porque, no momento em que admitir esse desejo, o outro poderá fazer o mesmo, e aí começa o atrito.

> *"Meu namorado queria uma relação aberta, e eu, fechada. Ele falava que sentia atração por outras mulheres e eu sempre dizia que não sentia tesão por outros homens. Isso era uma grande mentira, no fundo falava isso por medo de ele se apaixonar por outra pessoa. Falando essas coisas, eu achava que ele se sentiria culpado e não sairia com mais ninguém, a não ser comigo."*

Será que valeu mesmo a pena mentir? O que a narradora dessa história ganhou com isso? Um namorado fiel? Agora, o principal risco é o sexual. Mente-se a respeito de desejos, de frustrações, de decepções. Você tem medo de dizer "Eu gostaria que você se soltasse mais na cama", porque aí pode receber de volta um "Eu também gostaria que você fizesse mais aquilo"...

Muitas vezes, nas relações, ficamos à espera de uma certa atitude sexual do outro, de coisas que gostaríamos de ter na cama. Mas simplesmente não dizemos nada, como se fosse responsabilidade do outro perceber nossos desejos. Para justificarmos esse comportamento passivo, recorremos a um argumento muito "intelectual": "Ah, eu prefiro um gesto espontâneo da pessoa". Ora, seria muito melhor *conversar* com o outro a respeito do que queremos.

Se um dos parceiros começa a manifestar o que deseja, abre espaço para que o outro também coloque suas necessidades. Com isso, a troca se torna mais rica. Se você não corre riscos, pode até se sentir seguro, mas tudo continuará igual e cheio de tédio. Sem riscos não há excitação.

Por exemplo, no trabalho de repente pinta um homem bonito. Tudo fica mais interessante ali, menos sonolento, sem tédio, sem mau humor, não é mesmo? Agora, indo mais longe: imagine se você disser a seu parceiro que alguém a impressionou. Já pensou que risco isso pode representar?

No entanto é exatamente esse risco que pode mexer com a relação, criar atritos que a façam crescer. É ele que levará o outro a se movimentar no sentido de romper seus bloqueios e preconceitos. Mas não, temos medo de arriscar e acabamos varrendo tudo para debaixo do tapete.

Por isso os casais estão quase sempre mal-humorados, como se apenas se aturassem, como se o relacionamento fosse uma condenação judicial. Porque sem atritos não há crescimento. Preferimos a mentira, o faz-de-conta, para não correr riscos. Mas é neles que está a vida, a excitação. O amor sempre é arriscado. Essa é a sua magia.

Num momento você vive um amor profundo e pode ser que, uma semana depois, ele tenha terminado. Por isso muitos escolhem não amar: para não ter que sofrer quando o amor for embora.

Mas me responda honestamente: qual é a vantagem dessa atitude?

## Para evitar o amor

O amor cria um estado de abertura e fragilidade, uma vontade de troca com as pessoas. Quando estamos amando, começamos a perceber todas as nossas mesquinharias, todas as nossas misérias.

Você começa a não se identificar mais com a personalidade que criou durante a vida inteira. Em momentos de amor, a gente se mistura com o outro de forma tão intensa e profunda que desaparece como ser individual.

O amor é uma energia tão poderosa que às vezes faz a gente se sentir frágil, vulnerável, forte, sonhador, com muitos sentimentos contraditórios. Assusta amar e ser amado. É um estado que não estamos acostumados a experimentar, e quando ele se instala sentimos medo. Por causa desse temor, começamos a criar mentiras que nos desconectam do amor, como se não conseguíssemos suportar tanta vida.

Fazemos isso por medo, como se não pudéssemos nos satisfazer de modo pleno. Agimos assim também por hábito, porque desde pequenos restringiram nossa energia. Colocaram a gente numa escola que era um tédio, tivemos que fazer um monte de coisas de que não estávamos a fim. Por isso, estamos acostumados a um nível muito baixo de energia, a viver com pouco prazer, com nada de êxtase. Quando amamos, temos a sensação de não agüentar tanta energia.

Sempre que toco nesse assunto lembro de uma experiência que me marcou muito. Com 11 anos, eu me apaixonei por uma garota do meu bairro. Meu sentimento era tão forte que todas as tardes eu saía do campinho de futebol onde jogava com meus amigos, ia para casa, tomava um banho e ficava na porta, esperando ela passar.

E, quando finalmente ela passava, todo o meu corpo olhava para ela, menos os olhos, que só se atreviam a uma rápida espiada. Com certeza ela também sentia alguma coisa por mim, pois fazia um caminho mais longo para chegar até a padaria, só para passar em frente de casa.

Cinco anos transcorreram sem que nada de diferente acontecesse. Um dia, aquilo que eu mais desejava – e temia – aconteceu. Na saída da escola, ela simplesmente falou:

– Psiu! Psiu! Me espere, meu amor!

E sabem o que eu fiz? Saí correndo, de medo. Chegando em casa, passei como um furacão pela mesa onde minha família almoçava, entrei em meu quarto e me atirei na cama, em êxtase!!!

O que me choca ainda hoje, quando revivo essa cena, é que eu evitei o amor com todas as minhas forças. Acho que, naquele momento, se eu parasse e recebesse aquela dose de amor, ia desmoronar. Até hoje me pergunto: o que teria acontecido comigo se eu não tivesse evitado esse amor?

Ter um fiasco desses quando se é criança ou adolescente ainda vai. O problema é que nós, já adultos, continuamos sentindo uma necessidade muito grande de permanecer no controle, de percorrer apenas terrenos conhecidos. Então, fazemos de tudo para acabar com a intensidade insuportável do amor. Para fugir dele, evitamos nos relacionar com aquilo que é essencial em nós. Criamos teorias para disfarçar isso, mas lá no fundo sabemos que estamos mentindo.

Ora, a verdade sempre faz bem ao amor.

Se seu amado se sentisse atraído por outra pessoa, você gostaria que ele lhe falasse? Ah, gostaria... Então, por que você esconde quando isso lhe acontece?

Você não desejaria saber que seu amado não gosta de determinadas atitudes sexuais que você tem com ele? Então por que não fala para ele o que você não gosta que ele faça na cama?

Nós mentimos muito, omitimos muito, para evitar o amor. Muitas pessoas agem assim porque desde pequenas conviveram bem de perto com relacionamentos de mentira. Porque seus pais já não se amavam, mas continuaram juntos. E ensinaram a elas que isso é ser amoroso.

Veja que incoerência: muita gente aprendeu a chamar de amor atitudes que, na realidade, demonstravam a ausência dele. Por isso existem muitos por aí falando em amor, discursando sobre o amor sem que a gente perceba algo de amoroso neles. Porque apenas dizer "eu te amo" não basta.

Na infância, aprendemos a criar jogos para nos defender, para não mostrar nossa vulnerabilidade, e cada vez nos tornamos mais solitários. Quando a vida nos traz a oportunidade de uma intimidade real com alguém, acabamos destruindo essa possibilidade.

Perceba isso e lute para ser diferente. Vá deixando o amor tomar conta de você. Confie nele, mesmo que pareça difícil, pois é a vida inundando seu ser.

Sim, você pode se machucar. Sim, talvez doa. Mas corra o risco. Você vai crescer e, se tiver coragem, vai conhecer o êxtase do amor.

# 5

# A verdade para quem prefere amar

*Não quero ficar na tua vida*
*Como uma paixão mal resolvida*
*Dessas que a gente tem ciúme*
*E se encharca de perfume*
*Faz que tenta se matar...*

(Kledir Ramil, *Paixão*)

Certamente, você já deve estar farto de saber que é único, especial, maravilhoso... Agora, já pensou em todo o trabalho que a sociedade tem para ensiná-lo a esconder sua beleza, sua originalidade, sua espontaneidade?

A sociedade não quer pessoas únicas, ela quer indivíduos domesticados, pois eles são mais facilmente controlados. Quando você busca sua verdade, torna-se mais autêntico, mais imprevisível, a vida fica mais rica e plena de possibilidades.

Precisamos resgatar aquela capacidade original que tínhamos quando criança de dizer a verdade, de sermos diretos, espontâneos. A criança é verdadeira. Ela diz: "Quero", "Não quero", "Gosto", "Não gosto". Ela diz o que sente, sem se preocupar com a reação do outro.

Com o tempo, porém, a criança percebe que os pais esperam dela determinado comportamento, como cumprimentar as visitas, ser educada... Descobre também que, se atender a essa expectativa, será premiada. Por outro lado, ela se dá conta de que os pais desaprovam outros comportamentos, como responder aos mais velhos, fazer birra... Então, aprende a se comportar da maneira "correta" para obter a atenção, o carinho e a aprovação de que necessita.

A criança passa, enfim, a agir não de acordo com o que sente, mas com o que se espera dela. Assim, distancia-se cada vez mais da sua verdade. De certa forma ela se corrompe, pois deixa de ser autêntica. E esse é um comportamento que se perpetua: geração após geração, os pais fazem com os filhos o mesmo que os pais deles fizeram com eles.

Quando nos relacionamos, fazemos isso através desses padrões, porque nossos pais abafaram nosso amor natural. De tanto agirmos da forma que nos foi "ensinada", acabamos identificados com ela e fica cada vez mais difícil perceber o que realmente sentimos. Mascaramos nossos sentimentos por achar que, agindo assim, teremos o amor daquela pessoa para sempre.

Mas não é o que acontece. A mentira nos impede de ter um contato real e profundo conosco mesmos e com o outro e nos afasta da troca espontânea e verdadeira de afeto. O amor, nessas circunstâncias, torna-se impossível.

Lowen faz a seguinte advertência:

> Amor não pode ser ganho ou recebido em troca de algo, pois é uma expressão espontânea de afeição e calor humano, em resposta ao ser de outra pessoa. É "eu te amo", não "eu amo o que você está fazendo". Amor implica uma aceitação que foi negada à criança. Depois de desistirmos de nossa verdadeira natureza para desempenharmos

um papel, estamos destinados a ser rejeitados, porque já rejeitamos a nós mesmos.

Portanto, é fácil perceber a importância de você mostrar sua verdade. Como? Expressando o que se passa com você, independentemente do que os outros possam pensar. Permitir, por exemplo, que as pessoas percebam quando você está zangado. Fomos acostumados a aparentar tranqüilidade o tempo todo. Mas, se demonstrarmos calma quando, na realidade, estamos furiosos, deixaremos de expressar nossa verdade.

É muito freqüente fazer de conta que gostamos de um programa sugerido pelo parceiro, na tentativa de lhe agradar. Só que, no fundo, gostaríamos de estar fazendo outra coisa. Nesse caso, seríamos verdadeiros se tivéssemos manifestado nossa vontade.

É importante, aqui, não confundir espontaneidade com inflexibilidade. Como um relacionamento envolve as vontades e os gostos de duas pessoas, é preciso saber negociar. Às vezes temos que abrir mão de certos desejos e hábitos, o que não significa, porém, abrir mão de nossa identidade. Estamos, isso sim, trocando algo de que gostamos – um show de rock, por exemplo – por algo de que não gostamos tanto – um recital de música clássica, digamos – mas que nos trará a vantagem da companhia do ser amado. É interessante estabelecer a distinção entre *deixar de ser eu mesmo* e *ser flexível para conviver em harmonia*.

O depoimento a seguir nos dá uma idéia clara do que é uma pessoa se anular, deixar de ser ela mesma "pelo bem da relação":

*"No verão eu trabalhava o dia todo, e só a via na hora de dormir. De manhãzinha eu queria surfar um pouco, antes de pegar no batente. Ela queria minha companhia, mas também não ia comigo para a praia.*

*Então acabei cedendo, pensando que, se não fizesse o que ela queria, ia prejudicar a relação".*

Parece que não tem muita importância o cara ter deixado de surfar para ficar com a namorada. Mas será que, lá na frente, ele não vai se ressentir disso? Ninguém sabe, e também não é bom pagar pra ver. Está certo que o casal tem que negociar, um cede daqui, outro dali... Mas e quando é só um cede?

Você também pode não estar sendo verdadeiro quando *não expressa* quanto está disponível. Ou quando *não demonstra* sua fragilidade, por exemplo. As situações são muitas... No princípio, quando você começa a "treinar", é importante ser verdadeiro em pequenas coisas. Depois, é preciso ir aumentando a dose, colocando a verdade também em coisas mais profundas.

À medida que você expressa o que sente para o parceiro, começa a ter uma intimidade verdadeira com a pessoa. Está amando um ser real, não imaginário, criado a partir de seus medos, expectativas e projeções.

Ao tentar ser verdadeiro, você está se libertando de certos padrões de comportamento, e isso exige muita atenção e maturidade. Muitas vezes, exige também suporte emocional, que você pode conseguir se relacionando de forma mais profunda com grupos de pessoas que buscam algo parecido.

Lembra-se de como se sentia nos momentos iniciais do relacionamento? Da emoção, da conexão íntima com o outro? Se está tentando ser verdadeiro, conseguirá perceber que em certos momentos não está sentindo aquela qualidade de amor, e então pode dizer ao outro:

– Neste momento, não estou conectado com você.

E não há problema algum nisso, pois seu parceiro poderá estar estressado com o trabalho ou com a ex-mulher. Então, será mais fácil entender que não é porque ele está cuidando dessas coisas que deixou de amá-la.

Quando você tem a coragem de expressar a *sua* verdade, percebe que também surge uma compreensão maior da verdade *do outro*. Você deixa de pretender ser perfeito e de esperar perfeição de seu parceiro.

Pode ser que a sua relação não esteja indo bem. Nesse caso, o próprio ato de expressar a sua verdade pode iniciar um processo de mudança. Em algum momento, você amou profundamente a pessoa. Quando o amor começou a diminuir, você passou a arrumar justificativas, racionalizações, e não falou para o outro o que estava sentindo.

Quando fala, você dá a si e ao outro a chance de mudar a energia e renovar o amor, resgatando o que sentiam no começo da relação. A condição essencial para o crescimento do amor é a verdade, dita a cada momento. E o amor só tem dois caminhos: ou ele cresce, como um rio que vai recebendo afluentes, ou ele estagna, como uma poça d'água. Se pára, pouco a pouco vai perdendo o vigor e acaba apodrecendo.

O amor não é algo estático, parado. É um processo de crescimento, uma energia que se multiplica. A partir de hoje, expresse o que está sentindo no seu relacionamento e dê ao seu amor a chance de crescer.

## Você também é responsável pelo outro mentir para você

Ao começar a mentir num relacionamento, você fecha os olhos para a sua verdade. Você sabe que está fazendo isso, mas finge que são coisas à toa, que não há problema. Fica completamente cega com a atitude de seu parceiro. Ele está mentindo, mas também tentando agradar, encobrindo seus medos e negando os desafios. Assim, um pacto silencioso vai sendo firmado.

Você se ilude com a mentira dele e ele se conforma com as suas. Um vai incentivando o outro no caminho dos enganos. Um vai castrando a verdade do outro. E, convenhamos, é gostoso ouvir mentiras românticas. Você fica feliz. Mas esse tipo de mentira abre espaço para todos os outros. Você diz em silêncio: "Me engane, me faça acreditar que é para sempre, que sou a pessoa mais importante da sua vida".

Então, seu parceiro começa a ir para festas, a ficar com outras pessoas, e lhe diz que está jogando futebol. E você acredita. E ainda finge que acredita quando ele garante que não sente atração por mais ninguém. É claro que ele é responsável pela mentira que conta, mas, ao fechar os olhos para ela, você também é. Assim, o outro permanece investindo no caminho mais fácil: o de manter a ilusão. E você colabora.

Mas a verdade, na maioria das vezes, é muito evidente. Todas as pessoas a sua volta estão observando o espetáculo, a farsa. Só você não quer ver. É você contra todos, defendendo seu castelo de ilusões. Na realidade, você se acha sozinha, relacionando-se com seu próprio sonho. Seu parceiro está ali apenas para fazê-la crer que é verdade. Como se o outro fosse apenas um figurante da sua novela.

> *"Eu namorava um garoto de quem não gostava muito. Estava a fim de outros caras, mas não cedia, tinha que ser fiel. Depois de um ano, ele terminou comigo para ficar com outra. Descobri que, além dessa, ele já havia estado com outras mulheres, e fiquei muito brava. Mais brava por eu não ter ficado com outras pessoas do que com a própria traição em si."*

Quando as mentiras vêm à tona, é como se seu parceiro fosse outra pessoa. E é. Afinal, um ideal foi criado através de falsas verdades. Você se relacionou com um quebra-cabeça formado por peças de seus próprios sonhos.

Mas a vida não é um sonho. Se você, como tantas outras pessoas, tem tendência a se iludir, conscientize-se disso e pare de fingir. Provavelmente, você já passou por maus bocados em razão dessas ilusões. Já conhece dentro de si, também, a sensação que as acompanha: um gosto ruim de estar comprando a mentira do outro, de estar se fazendo de bobo. Observe, olhe para dentro de si. Você pode fazer diferente.

Desenvolva o hábito de questionar os relacionamentos. Fale com seus amigos, veja se a maneira como eles vêem o que está acontecendo com você bate com a sua forma de ver. Se em algum momento aquilo que parecia ser a realização de um sonho se revelou apenas uma ilusão, tenha a honestidade e a coragem de admitir. E pare de investir nessa ilusão quanto antes.

É claro que isso vai doer, e muito. Mas a dor é maior depois quando se persiste no engano. Ao admitir o erro, você não voltará a cometê-lo. Encare seus enganos e ilusões como parte da caminhada. E a dor como um remédio que é amargo mas cura. Então, poderá se levantar, sacudir a poeira e continuar em frente.

## Mentiras que parecem verdades

Existem pessoas que acreditam que amam tanto o outro que dedicam toda a sua vida a ele. São solícitas, fazem de tudo pelo parceiro, mas na realidade essa atitude apenas camufla um desespero muito grande, uma necessidade de possuir o outro. Essas pessoas usam de toda forma de manipulação para fazer crer que amam, e principalmente da culpa, que querem provocar no outro.

Na verdade, muitos dos que se mostram aparentemente dispostos a qualquer sacrifício por amor não passam de pessoas hipercarentes em busca de reconhecimento. Elas parecem santas, proclamam aos quatro ventos que deixam de comer para dar ao outro, mas a realidade não é bem assim. Se o parceiro não corresponder a suas expectativas, elas ficam muito iradas. Tudo não passa, na verdade, de um jogo para obter reconhecimento e aprovação. Esse é o jeito mais infantil de amar. É uma mentira disfarçada de verdade.

Se todo esse suposto amor fosse verdadeiro, a pessoa simplesmente ficaria feliz com a felicidade do parceiro, seja com ela, seja com outra pessoa. Mas não ocorre assim. Há uma condição oculta por trás desse aparente amor: você só pode se realizar se for comigo! Comportar-se assim é errar feio, pois o amor é uma troca entre dois seres, que dão e recebem um do outro.

Eu também não gostaria que pessoas agressivas, que não sabem expressar afeto, entendessem o "dizer a verdade" deste livro como um jeito de atingir o parceiro ou parceira. Tem gente que só sabe criticar e encontrar defeitos. Atenção: jogar coisas na cara do outro para machucá-lo não é dizer a verdade. Revelar seu verdadeiro eu num relacionamento, isso sim é que é. Muitos agem agressivamente porque não sabem dizer "Eu te amo". Se olhassem no fundo do coração, veriam que precisam aprender a dizer esta frase: "Quero te amar mas tenho medo".

Meu amigo Roberto Shinyashiki, um cara que está sempre querendo fazer novas descobertas, certa vez me disse que, quando as pessoas estão com medo, elas ficam agressivas. Ou estão sempre indo embora. Podemos extrair dessas atitudes verdades profundas. Se olhar por trás da agressividade, você pode descobrir um medo de sentir dor. Ao analisar o fato de você estar sempre fugindo de relacionamentos mais sérios, poderá se surpreender: quem sabe não esteja com medo de ser amado.

Há ainda as pessoas carentes que vivem afirmando: "Não sei viver sem você". No fundo, porém, elas têm é medo de andar com as próprias pernas, e ficam se escondendo atrás de um relacionamento cheio de mentiras.

Essas pessoas são escravas de medos imaginários, nascidos em referências do passado. Acham que, se forem elas mesmas, serão abandonadas pelo ser amado, só lhe restando a convivência com a solidão.

Sei que já toquei nesse ponto várias vezes ao longo do livro, mas, por se tratar de um comportamento muito comum, acho bom ser enfático. Perdoe-me, portanto, se pareço repetitivo, mas minha intenção é ajudar a fixar conceitos importantes.

Já que estamos falando de tipos de pessoas, é bom não esquecer as depressivas. Elas sofrem tanto pelo amor, são tão melodramáticas, que o parceiro não tem coragem de deixá-las. Essas pessoas acreditam firmemente que o amor que sentem é verdadeiro. Mas dá para acreditar num amor que flui só de um lado? O amor não é um encontro de duas energias?

Pessoas depressivas se tornam um peso para o companheiro. Entram em desespero, ameaçam se matar, querem lançar sobre o outro culpa em cima de culpa. Eu pergunto: será isso o amor? Amor tem essa dose de destruição? De jeito nenhum. Isso é manipulação pura, é birra de criança usada por um adulto mal resolvido.

Se você é uma pessoa assim, sei que minhas palavras estão sendo duras. Mas é preciso enfrentar a realidade para mudar. É preciso que alguém lhe diga a verdade. Porém não se desespere, pois toda mudança acontece aos poucos, com muito esforço, com muita ajuda de outras pessoas.

O primeiro passo é admitir para você mesmo que forçar uma barra não ajuda uma história de amor a dar certo. Na maioria das vezes, só admitir isso também não basta. Será preciso dar um segundo passo: procurar ajuda para mudar. E quando digo isso refiro-me à possibilidade de uma terapia, por exemplo. Nada melhor do que pessoas habilitadas a lidar com o ser humano para nos ajudar a desfazer certos nós. Finalmente, é preciso se abrir para o parceiro, assumir que sua maneira de agir está prejudicando a relação e pedir sua ajuda e compreensão para tentar ser diferente. Não é fácil fazer isso, repito, mas é preciso.

É comum a gente achar que está sendo verdadeiro, no entanto, se olharmos com mais atenção, vamos perceber que não é bem assim. Aí você me pergunta: "Mas, Milan, como vou saber quando estou enganando a mim mesmo?" É, não é fácil. Porém vou dar uma dica: quando você estiver tendo uma reação emocional desproporcional ao que está acontecendo, faça uma pausa, olhe para dentro de si e observe se existem outros sentimentos escondidos ali.

Meu conceito principal sempre foi: a verdade faz bem, mas a verdade que vem da alma. Ficar na emoção superficial é uma forma de não ser verdadeiro.

# 6

# Dicas do Milan para amar pra valer

*Olha, você tem todas as coisas*
*Que um dia eu sonhei pra mim*
*A cabeça cheia de problemas*
*Não me importo, eu gosto mesmo assim*

*(...) Olha, vem comigo aonde eu for*
*Seja minha amante e meu amor*
*Vem seguir comigo o meu caminho*
*E viver a vida só de amor*

(Roberto Carlos & Erasmo Carlos, *Olha*)

Por mais voltas que a gente possa dar, a verdade é uma só, e precisa ser revelada. Seja ela difícil, dolorida, complicada, a verdade é sempre o melhor caminho. O momento de expressão da verdade pode nos deixar tensos, em pânico, mas logo depois ele nos traz um relaxamento, uma paz gostosa.

A gente luta tanto para tentar esconder as coisas do outro, a fim de evitar os choques que podem acontecer, que mais e mais tensões vão se acumulando. Chega um momento em que a repressão da verdade nos torna confusos e absolutamente perdidos, o que nos faz construir mentira em cima de mentira. Lá na frente, nem sabemos mais o que é real e o que é falso.

Não adianta você, por exemplo, querer omitir de uma pessoa obesa que ela está precisando de dieta. Como ela mesma provavelmente já está se enganando, desconsiderar esse fato não vai ajudá-la em nada, já que ela nunca vai se dar conta de que precisa emagrecer. Essa atitude só vai distanciar você dessa pessoa.

Em um relacionamento amoroso também é assim. Eis um exemplo bem pé no chão: imagine que seu parceiro tem mau hálito. Não dá para agüentar, não é? Mas se você não falar sobre isso ele não vai saber que o mau hálito está atrapalhando o relacionamento, e pode até ser que vocês se distanciem por causa disso. Não é mais simples dizer a verdade?

Outro exemplo mais claro é quando seu parceiro ou parceira se interessa por alguém e você finge que não percebe. Não estou falando de qualquer atraçãozinha normal, mas de um desejo que você sabe que é mais forte. Isso sinaliza que algo não está bem na relação, e se você não encarar a realidade, não jogar aberto com o outro por medo de ficar sozinho, os dois estarão perdendo uma chance de crescer.

Se discutirem esse problema, vocês terão possibilidade de analisar o que está ocorrendo. Talvez surja a descoberta de que seu parceiro não está sentido mais prazer com você ou não está tendo o coração preenchido por seu afeto. Isso vai doer, mas junto com a dor pode vir a possibilidade de transformação do relacionamento. Ou até mesmo a separação, por que não? Talvez seja o momento de cada um seguir seu caminho separadamente.

Mas com certeza se você se negar a admitir que existe a possibilidade de seu parceiro estar apaixonado por alguém, mesmo se mantendo, a relação de vocês vai ficar cada vez mais superficial e vazia. Creio que não temos escolha. A verdade é sempre o melhor caminho. E a verdade não é uma simples palavra, uma frase. Ela é um processo. No momento que você enfrenta a realidade, muitas coisas que estavam escondidas começam a aparecer. Ao se aprofundar nessa busca, você até pode descobrir que a situação é fruto de uma porção de fatores anteriores a ela.

No fundo, você até sabe que estou certo, mas talvez não tenha coragem de encarar seus medos. Vamos lá, tente! Sua vida vai ficar muito mais leve quando você passar pela experiência de ser verdadeiro ao se relacionar. Mas é importante saber colocar essa verdade de forma respeitosa, humana, com carinho, tendo consciência de que do lado de lá também há outro ser humano, com suas dificuldades e medos.

Eu sei que no começo a coisa vai ser meio estranha, pois durante muito tempo nos acostumamos a fugir da verdade. Não é que tenhamos sido falsos até hoje. Não de trata disso. Falsidade é típico de quem age com más intenções, querendo enganar o outro, tirar vantagem das situações. Tenho certeza de que esse não é o seu caso. Você, como a maioria das pessoas, aprendeu a disfarçar certas verdades porque tem muito medo de sofrer, de se machucar.

"Essa incapacidade de entregar-se ao amor de coração limpo jaz na raiz de todos os problemas emocionais que as pessoas têm e que trazem para a terapia", afirma Lowen. E continua: "O indivíduo que foi ferido em suas primeiras relações com seus pais ergueu um conjunto de defesas contra ser ferido novamente, cuja ameaça ele percebe como risco de vida".

Agora que você já sabe de tudo isso, é hora de mudar. Quanto mais verdadeiro você for, mais crescerá. E seu relacionamento terá a chance de se transformar, virar uma coisa mais relaxada, na qual, além de amantes, você e seu parceiro ou parceira possam ser amigos, companheiros de jornada. Como na história a seguir:

*"Entrei nessa relação sem nenhuma expectativa. Cada dia era tudo que nós tínhamos. E foi uma explosão. O sexo era muito bom e toda a energia que vinha a partir disso transformávamos em criatividade. Também meditávamos juntos, e acho que isso criava um fluxo, um movimento. Havia uma inquietação, estávamos sempre inventando alguma coisa pra fazer juntos. Eu me sentia muito aceita, e não tinha nenhuma vergonha ou medo. Podia ser eu mesma. Nós também brigávamos muito nesse tempo, mas sempre achávamos um jeito de resolver os conflitos. Tenho certeza de que aquilo era amor".*

E você, tem alguma dúvida disso? Um amor gostoso desses dá até vontade de sentir também... Por isso, aqui vão algumas sugestões de atitudes que podem ajudar muito a criar um espaço de compreensão e de manifestação de uma verdade mais profunda em seu relacionamento.

## ♡ Expresse seus sentimentos

Quando a gente ama uma pessoa, muitos sentimentos vêm à tona: raiva, medo de dominação, dor, insegurança, alegria, prazer. Quando são sentimentos de que não gostamos, tentamos escondê-los. Tentamos administrá-los, como se fossem um condomínio emocional.

O amor é um truque da existência para irmos mais fundo em nós mesmos. Ele nos descortina novos horizontes e revela sentimentos esquecidos ou reprimidos. E é muito importante que expressemos esses sentimentos.

Se você ama alguém, também sente muita raiva dessa pessoa – é inevitável. Se um casal consegue expressar essa raiva, essa dor, esse medo, os sentimentos vão se clarear, aumentando o fluxo de amor. O não-expressar, o guardar, o administrar não funcionam.

Nós sentimos amor pela pessoa, mas também uma quantidade de raiva, e isso deve ser compreendido, aceito e expresso.

Assim, no momento do encontro, estaremos emocionalmente limpos e disponíveis para fluir no amor. Se os sentimentos permanecerem reprimidos, vão bloquear o fluxo de energia entre os parceiros. Por isso, discussões às vezes fazem muito bem a uma relação. Desde que não se tornem um hábito e que, depois, você possa olhar para o outro e expressar também o seu amor.

Não me refiro àquelas brigas rancorosas de casais se xingando, jogando no outro as frustrações, mágoas e ressentimentos que acumularam no trabalho, na relação com os filhos, com os amigos... O expressar de que falo é consciente. É uma prática.

Pelo menos a cada quinze dias, um casal deveria fazer uma pausa, olhar-se bem nos olhos e dizer um ao outro tudo o que não gosta no parceiro. Se for preciso, berrar e chorar. Experimente fazer isso. Logo vai perceber que, lá no fundo, toda essa raiva que sente é de você mesmo e que o outro está apenas servindo como espelho.

Mas vai aí uma dica importante: se nunca se submeteu a essa experiência, no começo é melhor buscar ajuda em locais especializados. Por exemplo, centros de meditação em que haja expressão emocional. Isso limpa a relação e cria um afeto mais honesto.

## Fale sobre seus medos e sonhos

Para que seu parceiro consiga entender você, é muito importante sentar com ele e falar de si: sobre seus medos em relação a ele, seus sonhos, compartilhar, enfim, sua visão da vida. Ouvi-lo, é claro, também é fundamental.

Isso permitirá ao outro saber o que acontece dentro de você, e vice-versa. Com essa atitude, vocês estarão criando intimidade, cumplicidade, um elo mais profundo. Os medos, como vimos, podem nos paralisar. Mas, quando conseguimos enfrentá-los, está dado o primeiro passo em direção a um futuro menos solitário e mais pleno. Veja só que caso bem-sucedido:

> *"Sou um cara fechado e minhas expectativas com relação à vida sempre foram cheias de fantasmas e fantasias. No tocante ao coração, isso se intensificava tanto que eu espantava qualquer pretendente. Então, eu simplesmente larguei essa primeira sensação de 'não vai dar certo' e fui em frente. A cada semana, o fantasma voltava, eram vozes que me diziam para não continuar. Mas insisti, compartilhei meus medos e já estou neste relacionamento há mais de um ano".*

Compartilhando os medos e dividindo os sonhos, o casal fortalece seus vínculos. Também ajuda a manter vivo esse grande barato da vida que é sonhar. Sonhar com um mundo melhor, com a paz entre as pessoas, com o amor sendo a razão da existência.

Essa proposta pode até parecer um tanto utópica. Mas será que é mesmo? Será que estar com os pés no chão nos impede de ter a cabeça nas nuvens?

## Não deixe o ciúme estragar tudo

Assim como somos cheios de belezas e bem-aventuranças, também somos repletos de medos e inseguranças. Muitas vezes, os casais compartilham sua neurose e acreditam nela, perdendo a noção de que aquilo é algo a ser tratado em terapia.

Muitos casais confundem suas pirações com amor. O ciúme é uma delas. Vêem a possessividade como sendo uma prova de amor: "Se eu tenho ciúme, eu amo". Não é verdade! Se você tem ciúme além da conta, está apenas sendo autoritário. Não quer o bem da pessoa. Está sendo egoísta, quer o seu bem. Ciúme não é indicativo de amor; é indicativo de doença.

Como já vimos, existem ciúmes imaginários e reais. O *imaginário* é extremamente doentio. Acontece quando você pode jurar que a pessoa amada o está traindo, mas tudo é fruto da sua imaginação. Você só vai conseguir amar de verdade quando romper de uma vez com esse sentimento.

Mais delicado ainda é o ciúme *real*. Você percebe que o parceiro está tendo uma história com alguém, fica ferida, sente-se rejeitada. O ciúme real vem para você crescer, na medida em que mostra o outro como um ser que também se relaciona afetivamente com as demais pessoas. Ainda assim, continua sendo uma neurose, ligada ao medo que você tem de perder aquela pessoa. Mais uma vez, insisto: o amor só cresce num ambiente de liberdade.

Agora, como eu já disse em outro momento, não adianta também você criar um personagem que diz: "Eu não tenho ciúme". É necessário admitir o que sentimos. Mas é preciso ter claro que neurose é neurose. Não a use como parâmetro de nada. Desse modo, estará criando uma base mais real para seu relacionamento.

## Esteja consciente da sua verdade

Às vezes você está sentindo medo, mas mostra irritação. Está chateado com um problema do trabalho e projeta sua contrariedade em sua companheira. Quando isso ocorre, é preciso estar alerta: você está desconectado de sua verdade!

Muitas vezes, perdemos o foco: o que é a minha verdade? Qual a verdade, neste momento, que mais favorece meu crescimento pessoal? É ter alguém a quem eu me apegue totalmente, ou minha necessidade agora é viver uma relação em que haja mais liberdade?

A verdade está muito vinculada ao caminho de crescimento de cada um. Está ligada, também, ao tipo de amor que você deseja em diferentes fases da vida. Qualquer que seja a sua demanda, o importante é que, para mostrar sua verdade, você precisa primeiro estar consciente dela.

## Confie no amor

Para amar, é fundamental reaprender a confiar no amor. Por que digo "re-aprender"? Porque essa confiança um dia existiu, mas foi traída. Quando crianças, confiávamos totalmente no amor de nossos pais, e nos entregamos por completo a ele. Aos poucos, porém, as atitudes não amorosas deles acabaram nos machucando muito.

Amávamos profundamente nossos pais, mas eles usaram esse sentimento para nos reprimir e impor seus padrões. Se nos amassem tanto, não fariam isso. É o que a criança conclui. Seguindo esse raciocínio simples, aprendemos a desconfiar do amor. E permanecemos desconfiados mesmo depois de adultos, pois a criança dentro de nós não entende como alguém pode amá-la sem desejar nada em troca, incondicionalmente, se seus próprios pais não a amaram assim.

É delicado tratar desse assunto, porque lidar com as necessidades afetivas da criança que mora dentro de nós pode doer. Muitos preferem não admitir essa carência, optam por não mexer nisso, por deixar as coisas como estão. Mas o fato é que, para amar de verdade, é preciso ir fundo naquilo que sentimos.

Todos temos necessidades afetivas que não foram preenchidas quando crianças, por isso não nos sentimos merecedores de amor. Está certo, é preciso enxergar e aceitar esse fato. Mas será que por causa disso não confiaremos mais no amor pelo resto da vida? Será que sempre precisaremos agir como se em algum momento fôssemos nos machucar? Será que conseguiremos viver sem amar?

Lowen é categórico ao afirmar que não. Para ele, "a atração para a ligação amorosa é tão imperiosa que, apesar da vivência de sofrimento profundo na infância, o indivíduo buscará, consciente ou inconscientemente, uma ligação amorosa com outro indivíduo".

Então, lá vamos nós... Só que o medo de sofrer novamente nos impede de viver o amor de maneira plena. Confiamos tão pouco no amor que não arriscamos nada por medo de perdê-lo. Impedimos o outro de viver suas possibilidades, pois imaginamos que, caso ele se interesse por alguém, nos abandonará. Quando fazemos esse bloqueio, além de limitar o ser do outro, limitamos o seu amor. A relação começa a se tornar uma coisa canalizada, quando, na verdade, o amor é selvagem: ele não respeita caminhos predeterminados.

Veja só que desastre pode ocorrer quando se tenta domesticar o amor:

> *"Meu namorado queria uma relação aberta, e eu fechada. Após algumas brigas, acabamos ficando com a relação fechada. Com o tempo, nossa história amornou: estávamos juntos, mas ele estava morto ao meu lado. Não estava aberto para outras mulheres, mas também não estava para mim".*

De novo posso estar parecendo utópico ao lhe dizer que é preciso encarar esta verdade: o amor tem seu próprio fluxo, imprevisível e audacioso, e é isso que o torna mágico, transformador. E, por mais dificuldades que enfrente, ele assim permanece, se não impedirmos seu fluxo. Às vezes, ele se desvia para o lado, porque há a necessidade de criar uma nova composição. Encarar esse fato é ser realista, é amar com os pés no chão.

Se você confiar no amor e não barrar seu fluxo, um parceiro pode até ir embora, mas você vai permanecer aberta para outras pessoas, num nível mais profundo. Porque o amor é algo que você sente e que *troca com* o outro. Não *é* o outro. O outro é apenas uma conexão que você faz para poder partilhar o amor. Não é propriedade privada sua.

Sei que não é fácil atingir esse nível de desprendimento emocional. Não é fácil deixar seu companheiro viver uma paixão e ainda pensar: "Puxa, que legal, ele está vivendo suas possibilidades afetivas!"...

Não é fácil nem comum pensar assim. O que não quer dizer que você não deva tentar alcançar esse objetivo um dia. Porque isso é real. E em nenhum momento eu lhe disse que amar de verdade é fácil. Se fosse, por que a maioria das pessoas estaria vivendo relacionamentos de mentira?

Mesmo interessado em outra pessoa, seu parceiro pode continuar aberto para você. Os dois vão crescer com essa experiência, assim como o amor, que pode continuar fluindo de maneira mais profunda.

Ou talvez o amor dele por você tenha se completado e esteja seguindo outro destino. Adianta alguma coisa tentar impedir que isso aconteça? Adianta fechar os olhos para essa realidade?

A vida nos traz as pessoas, cria as situações mais incríveis para que nos encontremos com o outro. Mas tem também seu próprio ritmo. Talvez aquela pessoa esteja aí para viver apenas um momento com você – ou, quem sabe, longos anos. Quando não respeitamos o fluxo da natureza, querendo dominá-la, é como se pegássemos um tigre selvagem e o jogássemos numa jaula. Na natureza o animal é de uma beleza estonteante; preso, parece apenas bonito, porque na verdade está triste e entediado.

É o que acontece com o amor se não confiamos nele. Porque a confiança é o grande propulsor do crescimento amoroso. É preciso confiar na pessoa amada. Você quer ser prisioneiro das marcas de sua infância para sempre? Quer repetir até o fim da vida um comportamento que lhe faz mal?

É sua a escolha de se conscientizar e passar a agir de modo diferente. Confie plenamente em seu parceiro ou parceira, se quer amar pra valer. Às vezes podem acontecer deslizes, mas isso é normal. A vida não é uma linha reta. A segurança é uma ilusão. Existir é correr riscos.

A confiança, ao contrário do que muitos imaginam, não é cegueira; é uma conexão. Ela deve vir do coração, e não do seu medo da solidão.

Osho, no livro *Tantra, a Suprema Compreensão* (Cultrix, 2002), conta a seguinte lenda:

"Quando a grande biblioteca de Alexandria foi queimada, apenas um livro foi salvo. Mas não era um livro de muito valor, por isso um homem pobre, que mal sabia ler, comprou-o por uns poucos tostões. O livro realmente não era muito bom, mas havia nele algo interessantíssimo. Era uma espécie de pergaminho, no qual estava escrito o segredo da 'pedra do toque'.

"A pedra do toque, aparentemente, era uma pedrinha comum, igual a todas as outras. A não ser por um detalhe: tinha o poder de transformar qualquer metal em ouro puro. O pergaminho dizia que ela estava nas praias do Mar Negro, misturada a outros milhares de pedras exatamente iguais a ela. Mas o segredo era que a pedra real era quente, enquanto as outras eram frias.

"O homem, louco para encontrá-la, vendeu seus poucos pertences, comprou alguns mantimentos e foi acampar na praia. Começou, então, a testar todas as pedras. Este era seu plano: para não pegar duas vezes a mesma pedra, quando sentia que era fria, ele a jogava no mar. Assim, passaram-se os anos... E o homem não encontrava a pedra do toque.

"Mesmo assim, ele continuou: pegava uma pedra, era fria, jogava-a no mar... E assim por diante. Fez isso por muito tempo, de manhã até a noite, sem nunca parar. Certa manhã, ele pegou uma pedra que estava quente e jogou-a no mar assim mesmo. É que repetira tantas vezes o mesmo gesto que, quando encontrou a verdadeira pedra, o hábito fez com que também a lançasse ao mar.

"Pobre homem! Teve a pedra do toque entre suas mãos, mas continuou miserável por toda a vida".

É assim que a mente funciona. A confiança é uma pedra de toque. É raro você encontrar um coração quente, amoroso, no qual confiar. Por anos, desde a infância, você pega uma pedra, sente-a fria e a joga no mar. Um dia encontra a verdadeira pedra de toque. Você a pega, sente-lhe o calor, mas, ainda assim, lança-a no mar. Só pela força do hábito. Porque, desde a infância, você aprendeu a desconfiar.

Na verdade, é uma medida de segurança: se não duvidar, você acredita que não sobreviverá. Descobre que não pode confiar nem em seus pais, pois eles são muito contraditórios: dizem uma coisa e fazem outra. A criança sente-se confusa; é difícil para ela entender o que a mãe e o pai querem. E, cada vez mais, ela sente que é impossível confiar em alguém.

"Ninguém é quente, ninguém é uma pedra de toque", você pode pensar. Mas, se acreditar profundamente nisso, quando encontrar a verdadeira pedra, vai lançá-la ao mar. E eu lhe pergunto: você quer continuar sendo miserável por toda a vida?

## Invista em seu crescimento

É bom dedicar um tempo do dia a seu crescimento pessoal. Você pode fazer meditação, participar de um grupo de terapia. Ficará surpreso diante de tantas coisas que vai descobrir. Nesses espaços, é importante poder expressar as dores do passado. É como se estivesse arrumando a casa para partilhar seu espaço com o outro. É uma faxina que sempre precisa ser feita.

No livro *Grupos de Encontro*, Carl Rogers ensina que,

> num grupo desses, o indivíduo acaba por se conhecer a si próprio e a cada um dos outros mais completamente do que o que lhe é possível nas relações habituais ou de trabalho. Toma conhecimento profundo dos outros membros e do seu eu interior, o eu que, de outro modo, tende a esconder-se por detrás da fachada.

Há muitas coisas pessoais que é interessante resolver em grupos de crescimento. Ali é o espaço ideal para ampliar sua individualidade e diminuir as projeções sobre o outro. Assim como um atleta precisa trabalhar o corpo para se preparar para a competição, seu amor precisa estar energizado para alcançar grandes momentos de êxtase. Um grande erro das pessoas que se sentem tocadas pelo amor é dizer: "Agora não preciso de mais nada".

É justamente nesses momentos que você mais precisa. É neles que você deverá estar mais afiado, mais inteiro, para que a troca se mova para níveis mais profundos, mais preenchedores, mais ricos.

Sempre costumo dar este conselho: toda pessoa deveria tirar dois ou três fins de semana do ano para realizar um trabalho de crescimento pessoal. É o maior investimento que se pode fazer em si mesmo, e tal atitude vai ter reflexos muito positivos na vivência de seu amor.

O crescimento pessoal é importante para a relação, mas, fundamentalmente, para você. Porque é preciso crescer como ser humano, e não existir apenas para o outro.

Finalizo este capítulo com um depoimento que acho muito triste mas revelador de quanto é importante a pessoa investir em seu crescimento. O exemplo serve ainda como alerta: abdicar dos próprios planos por medo de perder o outro é a maior roubada!

*"Eu estava naquele relacionamento há um ano, meu maior amor até então. Nunca tinha me entregado tanto. Eu o amava muito e também tinha muito ciúme. Então apareceu a chance de ir para a Holanda participar de um trabalho terapêutico. Eu tinha a grana necessária, disponibilidade de tempo, vontade, porém estava em um relacionamento! Eu me peguei morrendo de medo de viajar e deixar o caminho livre para outras mulheres. Contei para o meu terapeuta e ele me deu a maior força para ir, disse para eu acreditar no meu coração. Se nosso amor fosse verdadeiro, continuaria. Se mudasse, era porque a vida estaria trazendo outras possibilidades. Quando falei dos meus planos para o meu namorado, ele entrou em crise, e a novela melodramática se instalou. Eu também fiquei mal, não sabia o que fazer. No final das contas, acabei desistindo. Duas semanas depois, fiquei sabendo que ele estava tendo outra história havia já algum tempo. Foi horrível, nunca me senti tão traída."*

# 7

# Sempre vale a pena lembrar (ou relembrar...)

*Amar é um deserto e seus temores*
*Vida que vai na sela dessas dores*
*Não sabe voltar*
*Me dá seu calor*
*Vem me fazer feliz porque eu te amo*
*Você deságua em mim e eu oceano*
*Esqueço que amar é quase uma dor...*

(Djavan, *Oceano*)

Numa relação, é muito importante que tenhamos noção de para onde queremos ir, aonde queremos chegar e qual nosso objetivo mais alto. Sempre que se tem um norte, não é preciso inventar teorias amedrontadas a respeito do amor. É só seguir em frente, sabendo que os desafios fazem parte do caminho.

Neste capítulo, comento algumas idéias relacionadas ao amor que não estão, necessariamente, ligadas ao tema que tratamos até agora: as mil faces do amar de mentira. Para que você possa avançar rumo a uma forma mais livre, mais profunda, mais madura de se relacionar, é preciso ousar. Para quem prefere amar, é importante explorar territórios onde o amor caminha cada vez mais para o compartilhar.

## Perceba as necessidades do outro

Parece óbvio que uma convivência saudável é o que todos querem quando se relacionam. Mas, na prática, a maioria das pessoas acaba não sendo capaz de criá-la. O que falta para isso?

Normalmente, tratamos o outro como nossa propriedade, limitando-o. Esquecemos que ele precisa vivenciar certas situações para poder amadurecer. Ter uma convivência saudável significa perceber o que é necessário para o crescimento do outro. Significa olhar para ele como um ser separado de você, com uma história pessoal e com seus próprios sonhos. E não enxergá-lo como uma extensão do seu ser.

Há parceiros que precisam ter mais experiências sexuais, por terem tido poucas. Outros necessitam de uma relação estável para se sentir seguros e conseguir se entregar mais. Existem muitas necessidades diferentes. Só através de um contato amoroso profundo poderemos percebê-las, criando assim uma convivência saudável.

Mas, como somos possessivos, preferimos ter um ser incompleto a nosso lado. E, muitas vezes, regredido. Tudo porque queremos fazer dele nossa propriedade. Quantas mulheres e homens que atendo chegam aos 50 anos comportando-se ainda como adolescentes... Gastaram mais da metade da vida se dedicando a uma relação de dependência.

Ter um parceiro dependente e tolhido, ainda que pareça muito cômodo e conveniente, só fará sua vida estagnar. Por isso, olhe a pessoa que está com você como um ser inteiro, e não como um apêndice seu.

## Entenda que ninguém ama em tempo integral

Acreditar que amamos a todo instante nosso parceiro é uma grande ilusão. Ninguém ama ninguém 24 horas por dia! Nossos pais já tentaram nos convencer disso dizendo que não passavam nem um segundo sem nos amar. Mas sabemos que não era verdade. Há momentos em que a mãe não está nem aí para os filhos, visto que ela é um ser humano normal, com outros interesses e preocupações.

Há momentos em que também o pai não está nem aí para os filhos, e nessas horas é muito melhor dizer, por exemplo: "Olha, agora não estou a fim de brincar". Será uma ilusão a menos que os filhos levarão para a vida adulta. Não adianta tentar transformar situações não amorosas em amorosas: simplesmente não cola!

Isso me lembra uma historinha:

Mulla Nasrudin falou para Osho que estava preocupado com a felicidade da sua mulher. Então, o mestre indiano perguntou:

– E o que você fez com isso?

Nasrudin respondeu:

– Contratei um detetive para descobrir por que ela está feliz.

Uma grande ilusão é achar que você pode ser a única fonte de felicidade para o ser amado. Caia na real! Você é uma parte importante, mas não é tudo na vida dele. Perceba-se. Permita-se viver o seu amor nos momentos em que realmente se sente amoroso. Se não estiver amando, aceite isso como algo normal, é o movimento da vida.

Depois de algum tempo, verá que isso se torna natural para você.

## ♡ Viva mais a sexualidade na relação

Este é o calcanhar-de-aquiles do relacionamento. É o que mais povoa nossa mente, e também o que mais cria medo e pânico. E é a fonte de prazer de mais fácil acesso de que dispomos. Não existe amor se a sexualidade não está legal. Essa história de "Meu amor é mais espiritual" é balela. Cá entre nós: não funcionou na cama, bailou.

"Proclamar o amor sem sexo é prometer um reino que não faz parte desta terra", afirma Lowen em *Amor e Orgasmo* (Summus, 1988). Só o fato de transar, no entanto, não significa que se vá chegar ao coração. Os animais também transam, mas são os seres humanos que têm a capacidade de chegar ao coração, de experimentar uma gama enorme de sensações com o outro... E todo amor passa pelo sexo.

É bem lindo quando um casal vive uma experiência como a relatada a seguir:

> *"Eu me envolvi com alguém com quem tive muita cumplicidade. Numa fase em que estávamos meio estagnados, resolvi experimentar não ejacular, ser amoroso, olhar no olho. E foi incrível, transamos um tempão. Quando paramos, estava sentindo algo novo. Comecei a escutar algo que parecia um tambor: tum, tum, tum. Era meu coração, que batia tão forte e alto que ela também escutava. Estava muito sensível, ficamos ali curtindo, foi um êxtase".*

O sexo, meu amigo, minha amiga, é a grande porta de entrada para o coração. É a partir dele que você começa a estabelecer uma troca mais íntima com o outro e cria a possibilidade de chegar ao coração. Viver a sexualidade é um dos alicerces básicos para o crescimento do amor.

"A dissociação entre o sexo e o amor coloca o coração em risco", diz Lowen, "porque seus anseios mais profundos não são satisfeitos". Quanto maior o amor, portanto, mais ele deve nos direcionar para a sexualidade, criando espaços de êxtase, beleza e espontaneidade.

Todo casal deveria transformar o ato sexual num momento especial, de encontro entre dois seres. Um momento que deveria ser priorizado em vez de apenas ser relegado ao tempo que sobrou.

As pessoas têm que partilhar o que gostam e o que não gostam no sexo. É bom que explorem o corpo um do outro com doçura, desejo e paixão, e que se ajudem a quebrar preconceitos e medos.

É saudável também que possam falar sobre suas fantasias, seus desejos mais íntimos, e que aquele que compartilha algo de si saiba que o outro tem a capacidade de aceitar. E, antes de transar, é importante que os parceiros abram um espaço para se conectar, para simplesmente ficar olhando nos olhos um do outro. Esse clima deve ser vivido como se, naquele momento, você tirasse tudo da mente só para estar com o outro, deixando crescer o impulso de estar juntos.

Na obra *O Labirinto Humano* (Summus, 1980), o psicoterapeuta americano Elsworth Baker ensina que,

> quando o organismo está isento de bloqueios, há um movimento plasmático que flui livre e que dá margem a sensações, além de conferir uma percepção tridimensional do corpo. As impressões sensoriais e as emoções fluem juntas na configuração de uma unidade funcional, sendo vivenciadas como vibrações de prazer. O indivíduo toma consciência completa do corpo, de suas sensações, de seus desejos e necessidades. Dizemos que está *vivo*.

Trocando em miúdos, o ato sexual é uma oportunidade e tanto para você lidar com seus bloqueios. Ao fazer amor, olhe nos olhos do parceiro, da parceira. Vocês ficarão mais conectados um ao outro. Se não consegue olhar no olho do outro quando estiver fazendo amor, cuidado: a sexualidade pode estar totalmente desvinculada do coração. Muitas vezes, usamos o sexo como descarga. Nesses casos, a relação sexual apenas tira energia do coração. E o objetivo é justamente o contrário: é ganhar energia, ganhar vida, ganhar proximidade.

E o tempo de uma relação sexual? Quanto maior a conexão, mais longo ele se torna. Pode facilmente passar de uma hora, e não haverá cansaço; haverá vida, riso, satisfação.

Outro ponto que precisa ser mencionado: às vezes, mesmo amando, é comum que os parceiros se sintam atraídos por outras pessoas. Sejamos honestos. Sentimos atração por outras pessoas, sim. E isso é normal, não significa que deixamos de amar. "O amor não é uma questão de dar, mas de estar aberto. Essa abertura, contudo, tem de ser primeiro consigo próprio e depois com outro", diz Lowen.

Quando um dos dois sente forte atração por outra pessoa, é importante que o casal partilhe o que se passa, uma vez que isso implica entrar em contato com os mais profundos sentimentos. É bom que ambos conversem, mesmo que ocorra um conflito. Deixar o sentimento escondido, reprimido, fará com que um comece a ter raiva do outro e ambos se fechem.

Lá dentro, inconscientemente, não vão mais querer se dar prazer. Um culpará o outro por não poder realizar suas vontades. E os dois começarão a mentir, tornando-se infantilizados, arrastando-se frustrados pela vida, jogando todas as expectativas no trabalho e deixando o amor para segundo ou terceiro plano.

Até agora a repressão só tem destruído o amor. Temos que dar início a uma nova era, mais madura. O tempo inteiro nos escondemos da vida para impedir que nosso parceiro tenha a chance de se sentir atraído por outra pessoa. De que adianta isso?

Na tentativa de se apossar do outro, você acaba dilapidando-o. É isso que deseja? É isso que chama de amor? Se você assume essa posição, seu parceiro vai ficar cada vez mais infantil e sentir menos tesão não só pelos outros mas por você também. Será que vale a pena ficar com menos para não correr riscos?

Sentir a atração dos outros gera mais energia numa pessoa sensual. Haverá ciúme? Sim, haverá ciúme, mas cada vez mais devemos crescer e propiciar crescimento ao outro. Senão, que amor é esse? Permita que seu parceiro ou sua parceira explore a vida, cresça, seja mais maduro, mais amoroso.

Não é fácil lidar com uma situação como essa, isso não dá para negar. Você não vai chegar para seu parceiro ou parceira e dizer: "Ah, vá transar à vontade com outras pessoas..." Seria irreal imaginar tal atitude numa sociedade como a nossa. Agora, compartilhar o que está acontecendo é outra coisa. Se você se abrir, ou se estiver aberto para ouvir o outro, a relação vai achar um caminho.

Às vezes, a própria expressão desse sentimento acaba por dissolvê-lo. Se não dissolver, então cada casal precisa decidir o que fazer sobre essa questão. Será necessário analisar se ela mexeu de fato com o coração do parceiro ou se é apenas uma viagem da cabeça dele.

Em alguns casos, a necessidade de transar com outras pessoas também é disparada como uma forma de evitar um contato mais profundo com o outro. Isso porque a sexualidade, muitas vezes, também é usada como fuga de um amor.

Por ter vivido uma história que lhe causou muito sofrimento, a pessoa não deseja mais ter contatos profundos. Perde-se em relacionamentos superficiais, em aventuras passageiras. Na sua fantasia, imagina que dessa forma não vai mais sofrer. Mas chega um momento em que o ser humano sente necessidade de voltar ao mundo real. A um mundo em que ele possa se sentir e agir como uma pessoa verdadeira, e não como alguém sempre iludido e preocupado em esconder tudo aquilo com que não sabe lidar.

Para voltar a pisar em terra firme, a sexualidade é fundamental. Eu sou fruto de um ato sexual. E se fui gerado em uma relação de êxtase, de amor, só isso já vai me brindar com uma bagagem positiva. Vai me trazer mais prazer, mais abertura com relação à sexualidade.

Por isso, só o que posso lhe dizer sobre a sexualidade é: seja verdadeiro, partilhe. Encare seus medos. Você e seu parceiro ou parceira só têm a ganhar: em prazer, em amor, em satisfação.

Também os filhos serão imensamente beneficiados, pois terão pais satisfeitos, e há uma diferença muito grande nisso. Pode ter certeza!

## Lembre-se de que o amor não é eterno

Já falamos sobre isso, mas é sempre bom frisar: momentos de amor são tão únicos e especiais que, quando ocorrem, temos a sensação de que serão eternos. E, realmente, são experiências que a gente carrega pelo resto da vida. O amor, porém, não tem a eternidade física. Ele só é eterno como sentimento e, como tal, fica gravado em nossas lembranças.

Não espere que o amor seja uma eternidade física, porque em determinada altura da vida aquela energia já se esgotou bastante. E aí você terá que carregar um fardo enorme, que é a eternidade de um amor já sem força nenhuma. Sei que é difícil pensar assim, principalmente quando se está apaixonado. Sei também que há relações que duram toda uma vida, e são verdadeiras, sim. Mas essa não é a regra. Eu até me arriscaria a dizer que casos assim são exceção.

A eternidade, no campo amoroso, não se traduz no plano material. Porque a dimensão do amor é outra, fora do tempo. Quanto melhor você lidar com esse fato, mais chances terá de construir relacionamentos verdadeiros.

## Aceite a dor e a insegurança do amor

Quando o amor chega, ficamos mais sensíveis, mais abertos, mais perceptivos e blablablá... Sei que também já disse isto, mas não custa insistir: quando estamos amando, um monte de coisas que ficaram guardadas dentro de nós começa a vir à tona, e muitas vezes pode aparecer uma dor que nem sabemos de onde vem.

A gente muitas vezes se confunde e, por estar sentindo dor, acha que algo não vai bem. É um equívoco, porque o amor cura feridas antigas. Mas, primeiro, elas precisam vir à tona. A melhor dica que posso lhe dar é que, em situações assim, chorar é muito bom. Sei que também já disse isso, mas pode ser que você não tenha me levado a sério... E é sério: chorar cura um monte de coisas. Com as lágrimas, colocamos para fora uma porção de sentimentos e lembranças enterrados dentro de nós, que estão lá estagnados, apodrecendo, nos fazendo mal. As lágrimas abrem espaço para o novo!

Aceitar a insegurança do amor também é fundamental. Alguém pode amar você hoje, mas quem sabe do amanhã? Imagine se você tivesse certeza de que seu amor duraria xis tempo... Já pensou que tédio seria, que falta de vibração? Dê boas-vindas à insegurança boa do amor, sobre a qual, aliás, já conversamos antes. Ela é a alavanca do amor.

## Assuma os atritos como parte do amor

Amor sem atrito não existe. A mãe, por exemplo, ama demais o filho, mas em muitos momentos fica brava com ele. E o filho com a mãe. Quando esses atritos são expressos, há amadurecimento. Atritos não expressos geram estagnação e frustração.

Atrito é uma lei física. Tudo aquilo que se move gera atrito, e o amor também. Ele precisa de desafios, de diferenças de opinião. Aceitar o atrito dá ao amor uma maior possibilidade de amplitude. Ao evitarmos entrar em choque com a pessoa amada, perdemos a naturalidade, a espontaneidade, nós nos infantilizamos.

As pessoas começam a se relacionar amorosamente, fora do círculo familiar, depois de ter saído da infância. E isso não se dá por acaso. A puberdade é o início de uma fase em que a sexualidade está pronta para ser compartilhada com o outro. Significa uma mudança hormonal e o início da maturidade. Por isso na adolescência temos muitos choques: é o que nos faz crescer.

Todo crescimento só é possível com atritos, com mudanças. Temos que deixar o velho para trás. Precisamos cometer erros e aprender com eles, levar nossos tombos e continuar caminhando em direção ao nosso coração.

Afinal, ninguém nasce sabendo, não é mesmo? Viemos ao mundo com muitos potenciais, e estamos aqui justamente para desenvolvê-los. Amar o outro é um profundo caminho para esse aprendizado.

Imagine uma flor. Sua beleza e perfume são o produto final de um árduo e belo trabalho da natureza. Primeiro, a semente foi jogada à terra e necessitou de umidade para romper a casca. Foi preciso fazer força. Depois, a flor teve que fixar as raízes para estar firme e poder buscar alimento. A falta de água, muitas vezes, a obrigava a aprofundar suas raízes.

Para resolver um problema, a flor acabou criando mais possibilidades de se alimentar e de se fixar à terra. Em seguida ela teve que crescer, romper a terra. Precisou da ação do sol. É o atrito com o calor que propulsiona a planta em direção à luz. Ao conseguir romper a terra, um mundo novo apareceu. Às vezes, no entanto, o calor muito forte obriga a flor a desenvolver uma proteção. Depois vem o vento, e ela tem que se tornar flexível para não se romper. Esses atritos fazem com que a seiva vá subindo, se espalhe e torne a flor cada vez mais forte. Lá no fundo, a beleza da flor é resultado de vários processos internos.

Se você prestar atenção na natureza, vai perceber que tudo é assim: tudo é processo, tudo é movimento. Nunca nada na natureza pára e diz: vou esperar que a situação melhore. O amor também é movimento. Se você parar, ele morre.

O ser humano também precisa de atritos para crescer. Dependendo de como lidamos com as situações, podemos trazer profundidade ao amor, ou então podá-lo.

Normalmente, as mesmas situações, se não enfrentadas, vão se repetindo de um relacionamento para outro. Até o momento em que você resolve encará-las.

## Se não estiver legal, termine

Se sua relação não está legal e você sente que já fez o que podia por ela, termine. Porque, se ainda houver amor entre vocês, a história tem chance de voltar de outra maneira. A atitude de terminar vai romper com a estagnação. Senão, a história corre o risco de terminar por falta de "alimento", ou seja, de emoção, de energia. E a inanição é uma das mortes mais horríveis que existem.

Normalmente, você tem medo de terminar e ficar só. Mas, na verdade, se a relação está ruim, você já está só, tem apenas uma presença física a seu lado, um peso para carregar. Não há vida.

Tem vergonha que os outros digam que você fracassou? Na realidade, fracassou mesmo, assuma, fracassar é humano! Só assim se cria a possibilidade de uma outra história dar certo. Quando você termina um relacionamento, cria uma ruptura, e a situação o obriga a se mover. Todo o seu ser, então, começa uma nova busca. Outra oportunidade de aprendizado e crescimento se abre.

Você sai de uma relação – por escolha própria ou por decisão do parceiro – e sente dor. Questiona muitos aspectos de sua vida, entra em crise. E isso é bom, porque leva ao crescimento.

Uma amiga minha sabia que sua relação não estava fluindo, mas não conseguia encarar o medo de ficar sozinha. Achava que, se ficasse sozinha, nada mais faria sentido, não teria mais vontade de viver. Ela não foi capaz de se dar conta de que aquilo era apenas uma fantasia de sua cabeça, que ela estava numa relação estagnada, em que as chances de crescimento eram mínimas.

Conversamos várias vezes, eu procurando lhe mostrar quanto ela estava insatisfeita. Mas minha amiga inventava mil desculpas e, por falta de coragem de terminar, por medo e dependência, foi permanecendo na relação. Deprimida e desmotivada, passou a ser muito menos do que podia. Desperdiçou um tempo precioso em que poderia estar criando, em sintonia com a vida. O que ela ganhou com isso?

Às vezes, o que pensamos ser amor nada mais é que medo da solidão. Por isso, o critério para continuar numa relação não pode ser apenas o sentimento que o leva a querer permanecer com alguém. É preciso olhar para dentro de si mesmo e perguntar, com muita sinceridade, se você continua com tesão pela vida. Se está fluindo e sendo criativo. Se a relação está acrescentando ou roubando energia.

Manter um relacionamento que não está fluindo não ameniza em nada suas dores. Apenas faz com que elas venham a explodir depois em seu corpo físico, de uma forma muito mais dolorosa. Também não cola o papo de que você só está na relação por causa do outro: "Ele precisa de mim", "Não quero machucá-lo"... Você é responsável apenas por sua vida, então tem que se cuidar em primeiro lugar.

Às vezes, é inevitável que tomemos uma decisão que cause dor em alguém, mas isso não significa que estejamos errados. Não tenha a arrogância de achar que você é capaz de evitar a dor do outro.

Tenha a coragem de terminar um relacionamento, em vez de deixá-lo morrer aos poucos. Essa coragem vai reativar seu coração.

# Conclusão

## Você merece muito mais do que sobreviver

Às vezes vivemos como se estivéssemos no meio de uma guerra, de uma catástrofe, de uma epidemia. Nesse caos, simplesmente tentamos dar um jeito de sobreviver. Mas existe uma diferença muito grande entre viver e sobreviver. Contentar-se em apenas sobreviver é fruto de uma postura medrosa, de autoproteção, de quem está fechado para a vida.

O corpo se encolhe, os músculos ficam tensos, criamos uma rigidez corporal, como se tivéssemos que agüentar o peso do mundo sobre nossas costas. Não corremos riscos porque tudo pode ser fatal, o perigo da catástrofe é a todo tempo iminente.

Nessa luta pela sobrevivência, é muito difícil o amor desabrochar, uma vez que ele é um sentimento que não combina com o caos. O amor é cosmo, é expansão, relaxamento, suavidade, excitação, risco.

O medo foi instalado profundamente dentro de nós. Vivemos como crianças apavoradas que a qualquer momento podem ser abandonadas pelos pais. "Meu Deus, se eu não me comportar, se eu não lhes agradar, vão me deixar, e aí como sobreviverei sem ninguém para me alimentar, para me acalentar?" Esse pensamento toma conta de nós, e o resultado é apenas um: pânico!

Só que agora somos adultos, e esse medo de ficar sozinhos no mundo aparece de outro jeito. O pensamento que reina é: "Como vou ousar mostrar minhas vontades, o que eu sinto? E se meu parceiro não gostar?"

Nesse momento, nossa mente começa a nos condicionar: para não corrermos o risco de ser reprovados, abandonados, começamos a mentir para nós mesmos: "Ah, na realidade disso eu não gosto, não estou a fim, ninguém mexe comigo, isso não vale a pena".

E mentimos também para o outro, não colocando para fora nossos desejos mais íntimos: "Não vou dizer para minha mulher que eu gostaria que ela fosse mais doce no toque, ou que ela me beijasse com mais força, ou que se soltasse mais na cama..."

Pedir alguma coisa para a parceira ou parceiro, nem pensar! "Jamais vou dizer que gostaria que ela assumisse mais seu amor por mim em público, jamais vou deixá-lo perceber que eu queria ser beijada mais vezes, pode ser que isso estrague nosso relacionamento."

De certa forma, a sociedade nos convenceu de que estamos neste planeta apenas para sobreviver, que não devemos sonhar com grandes coisas porque depois vamos perdê-las, que não devemos viver grandes histórias de amor porque um dia elas vão acabar.

Já diriam os sábios de araque: "É perigoso, você pode sofrer".

Isso é ridículo, limitado, pobre!

Sim, temos direito a amores profundos, pois só assim conheceremos o néctar da vida. Mesmo que um amor se vá, ele sempre voltará de uma nova maneira. É só ter a coragem de correr riscos. Isso é crescimento, isso é qualidade de vida.

Não nos relacionamos apenas para tornar a vida mais fácil. Buscamos o encontro com o outro para tornar nossa vida mais rica.

O amor não combina com sobrevivência. Ele é muito maior, vivo, desafiador. Ele descongela sentimentos, transforma medo em excitação, em vontade de viver aventuras.

Quando você está amando, assume riscos, movimenta-se. Pode até sentir medo – isso é inevitável –, mas enfrenta a situação. Na maioria das vezes, nossos medos são apenas fantasmas infantis, e só vamos descobrir se são reais quando encararmos o problema.

O amor é real e nos empurra para os desafios. Viver na fantasia não nos ajuda a fazer descobertas. Enfrentar a realidade é mais difícil, mas as escolhas mais fáceis são justamente aquelas que nos trazem as experiências mais pobres.

Se quiser sempre tornar e ter as coisas mais fáceis em seu relacionamento, você se distanciará do amor.

Se não enfrentar uma situação de risco, a sensação de preenchimento será tão-somente momentânea. Na realidade, porém, não terá saído do lugar.

O amor é movimento, é selvagem, natural. Não se realiza em sua plenitude se nos movemos por caminhos pobres, determinados por nossas mentes condicionadas a fugir do que causa medo.

A historinha a seguir nos ensina uma lição muito singela:

"Um jovem veio a Dhun-Nun e disse que os sufis estavam errados, e muitas outras coisas.

O egípcio tirou um anel do dedo e entregou ao jovem:

– Leve isso para os mascates e veja se pode conseguir uma peça de ouro por ele – ordenou.

Ninguém no mercado ofereceu mais do que uma só peça de prata. O jovem trouxe o anel de volta.

– Agora – ordenou Dhun-Nun – leve o anel a um verdadeiro joalheiro e veja o que ele pagará.

O joalheiro ofereceu mil moedas de ouro pela pedra. O jovem ficou assombrado.

– Seu conhecimento sobre os sufis é tão vasto quanto o conhecimento dos mascates sobre jóias – disse Dhun-Num. – Se você quer avaliar pedras preciosas, torne-se um joalheiro".

Isso é um convite para que você experimente a vida! Antes de dizer que amar é difícil demais, torne-se um grande conhecedor do amor. Eu só posso convidá-lo a isso, mas só você pode se dar esse presente. Livre-se do medo e vá em frente.

Ser um sobrevivente é muito solitário, pois nunca conheceremos as dimensões da vida; apenas seremos levamos pelos fatos. Quando se gera a própria vida, é outra conversa. Ao gerar a sua vida junto com outras pessoas, você também está criando com os outros, e não se submetendo a eles.

Tanta coisa acontece a nossa volta todos os dias! A vida chega aos borbotões, por que se encolher? Você não precisa de migalhas, não precisa andar com o pote de esmoleiro, suplicando pequenas validações.

É hora de dar um salto na sua vida, de correr riscos, de crescer, de ser você mesmo. Chega de criar embalagens em torno de si mesmo, como se você fosse uma mercadoria que precisa de constante proteção. Você merece ser amada, amado em toda a sua dimensão.

A partir de hoje, pense assim: "Eu quero muito, eu mereço muito e quero viver a vida com tudo, com todo o meu amor, com toda a minha dor, com toda a minha raiva, com todo o meu tesão, com toda a minha alegria".

Reconheça que o coração é sábio, ele sente mesmo aquilo que você se esforça para esconder do mundo.

E, entre viver de mentira e viver intensamente, diga a si mesmo: "Prefiro amar!"

## Sugestão

Gostaria de sugerir a você, leitor, alguns locais que fazem um trabalho sério e cuidadoso no qual o foco é aumentar a capacidade de amar. Nesses espaços, você vai encontrar trabalhos corporais e de meditação que ajudam a abrir e aprofundar os sentimentos, ampliando a maturidade e a abertura do coração.

**Namastê Porto Alegre**
Rua República, 528 – Cidade Baixa
Tel.: (51) 3286-7485
CEP 90050-320 – Porto Alegre – RS
E-mail: namaste@namaste.com.br
Site: www.namaste.com.br

**Namastê Rio de Janeiro**
Ladeira do Ascurra, 115B – Cosme Velho
CEP 22241-320 – Rio de Janeiro – RJ
Tel.: (21) 2225-0269
E-mail: namaste-rio@namaste.com.br
Site: www.namaste-rio.com.br

**Namastê Curitiba**
Rua Prefeito Ângelo Lopes, 1535 –
Bairro Alto da Rua XV
CEP 80040-240 – Curitiba – PR
Tel.: (41) 3264-9794
E-mail: curitiba@namaste.com.br
Site: www.namaste.com.br/curitiba

**Criar Criar Belém**
Trav. Rui Barbosa, 528 – Reduto
CEP 66053-260 – Belém – PA
Tel.: (91) 3222-1008 e 3083-2729
E-mail: pgyata@hotmail.com

Contato com o autor
e-mail: swpremmilan@hotmail.com


[illegible] 278 – Cidade Baixa
Tel.: [illegible]
CEP [illegible] – Porto Alegre – RS
E-mail: [illegible]
Site: [illegible]

**Namaste Curitiba**
[illegible]
[illegible]
CEP [illegible] – Curitiba – PR
Tel.: [illegible]
E-mail: [illegible]
Site: [illegible]

**Namaste Rio de Janeiro**
[illegible] 1130 – [illegible]
[illegible] – Rio de Janeiro – RJ
Tel.: [illegible]
E-mail: [illegible]
Site: [illegible]

**Osho Osho Belém**
[illegible]
CEP [illegible] – Belém – PA
Tel.: [illegible]
E-mail: [illegible]

[illegible]